夢を生きる

羽生結弦

いつも応援していただき
ありがとうございます。
皆さんの希望と共に
全力で突き進んでいきます。

目次

夢を生きる

シーズン概況

2014年２月のソチ五輪で、19歳の羽生結弦がフィギュアスケート日本男子初の金メダルを獲得した。追われる立場で迎えた世界選手権（14年３月）でも初優勝し、10代で世界の頂点を極めた。

翌14〜15年シーズンは、若き王者にとって真価が問われる１年となった。

14年11月、グランプリシリーズの中国杯で６分間練習中に他の選手と衝突したが、試合を続行して２位に入賞。11月のＮＨＫ杯も出場し、４位と踏ん張った。辛くも出場したグランプリファイナルで２連覇すると、続く12月の全日本選手権も３連覇を果たした。

しかし、年末に「尿膜管遺残症」の手術を受けた影響で、15年３月の世界選手権は、同門のハビエル･フェルナンデス（スペイン）に次ぐ２位にとどまる。

◆

王座奪回を誓った15〜16年シーズン。ショートプログラムは２季続けて『バラード第１番』を滑ったが、フリーは映画『陰陽師』から『SEIMEI』という名プログラムを生み出すことになる。

グランプリシリーズ初戦のスケートカナダは、ソチ五輪直後の休養から復帰したパトリック･チャン（カナダ）に優勝を許したが、そこから怒濤の巻き返しが始まった。11月のＮＨＫ杯で総合322・40点、グランプリファイナルで総合330・43点をマーク。２試合続けてショート、フリー、総合の世界最高得点を更新した。圧巻の強さでノーミスの演技を連発する姿は「絶対王者」と呼ばれた。

このシーズンから、当時18歳のボーヤン･ジン（中国）など、ショートプログラムで２度の４回転ジャンプを成功させる選手が現れる。羽生もショートプログラムにサルコウとトウループと２種類の４回転を入れ、見事に滑り切った。

グランプリファイナル３連覇の勢いそのままに、12月の全日本選手権はミスがありながらも圧倒的な強さで４連覇を達成した。

16年３〜４月に行われた世界選手権はショートプログラムで自己ベストに迫る高得点を出したが、フリーで乱れ、２年連続の銀メダルに終わった。３位に入ったボーヤン・ジンは、ショートとフリーで計６度の４回転に挑んだ。シニアデビューした宇野昌磨も４回転フリップを武器にグランプリファイナルで３位に入り、「４回転新時代」の到来を予感させた。（敬称略）

2016

2 0 1 5 -

EA7
EMPORIO ARMANI

1

五輪王者の新たな挑戦

五輪王者として臨んだ14～15年シーズンは、グランプリファイナル2連覇、全日本選手権3連覇など華々しい戦績を残す一方、中国杯での激突事故や手術による入院など、様々なアクシデントに見舞われた。波乱の1年を終え、15～16年シーズンが迫ってきた。15年初夏に行われたインタビューでは、五輪王者として描く進化の青写真について明かした。曲作りから関わったフリーの新プログラム『SEIMEI』に込めた思いも語る。

アクシデントを乗り越えたきっかけは？

――２０１４年のグランプリシリーズ第３戦の中国大会（11月、上海）でアクシデントに遭い（※注　６分間練習中に中国のハン・ヤン選手と衝突した）、その後の対応も大変だったと思います。１ヶ月くらいの間に様々なことが起きましたが、それに対して自分自身の中ではどのような思いがあったのですか？

ケガをした中国大会のときは、グランプリファイナルに出たいという気持ちでいっぱいでしたが、第６戦のＮＨＫ杯（11月、大阪）前に練習したときは、「やはりもう無理だ」という感じがありました。

でも、周囲の皆さんに励ましていただき、家族も支えてくれました。「無理しないほうがいい」という声をたくさんいただいた一方で、「頑張ってほしい」という意見もありました。そういうことをいろいろ考えたうえで、せっかく中国大会であれだけ頑張ったんだから、ＮＨＫ杯も頑張ろうと、気持ちを前向きにすることができました。

――ＮＨＫ杯では滑ることに対する恐怖心はあったのでしょうか？

自分でもあれだけ気持ちが動揺するとは思っていませんでした。実際、練習中に他の選手を避けようとしている自分がいたことは確かです。条件反射のように、滑ることを避けてしまっているところがあったんです。

そんな中、ＮＨＫ杯でフリー（スケーティング）の６分間の練習を迎えて、（中国大会では６分間練習のときにぶつかったので）同じシチュエーションなんだから、そこさえ越えてしまえば大丈夫だって自分の中で区切りをつけました。

そこで、ほとんど中国大会のときと同じような滑り方をして、ただフリップ（ジャンプ）にいく前だけ少し順番を変えて、「絶対にビビらないで、自分の構成どおりに跳ぶ。それでぶつからなかったら乗り越えられる」と自分に言い聞かせて、気持ちをしっかりと持ちました。時間の経過を漫然と待つのではなく、意志の力と意地で、いわば力業で切り替えたんです。

ピーキングとコーチの関係

――NHK杯が終わって、グランプリファイナル（12月、スペイン・バルセロナ）を迎えました。グランプリファイナルでは立ち直っていたという印象を受けましたが、あのバルセロナのリンクでは競技に向けてどのように気持ちを切り替えられたのでしょうか？

あのときはショート（プログラム）での滑走順が1番でした。僕は1番滑走のときに順位がいいということがけっこうあるのです。だから、1番滑走が決まったときに、もう大丈夫、絶対に大丈夫っていう気持ちを持てて、調子も良かったので、ショートで思い切っていけました。

――グランプリファイナルでは「挑んでいく」という気持ちが表情や動きから出ていて、ずいぶん前向きになっているように感じました。

ちょうどうまく調子が合ってくれたんですね。ただ、あのときはまだ自分の中でピーキング（コンディションが最高の状態になるように調整すること）をどうするかが決まっていなかったんです。

コーチのブライアン・オーサーからも指示はあったんですが、僕自身の状態を目の前で見ているわけではありませんでした。だから、ピーキングに関していえば万全ではなかったし、ブライアンが理想とするピーキングを迎えていたわけではなかったんです。それがちょうどそのタイミングで「はまって」くれて、さらにリンクの感触も良かったし、偶然ではあったのですが、いいローテーションに入ることができていました。


――昨シーズンはオーサーコーチがずっとそばにいたわけではなかった。その中で、どうやって自分の気持ちを維持したのですか？　コーチとはメールだけでコミュニケーションを取っていたのですか？（※注　中国大会でのケガのため、練習拠点のカナダ・トロントには戻れず、オーサーコーチと離れていた）

コーチ云々ではなく、昨シーズンは自分の気持ちの問題が大きかったですね。中国杯の恐怖感がＮＨＫ杯で克服されて、克服できたが故にファイナルでいい演技ができ、その後に、またお腹が痛くなった。全日本（14年12月、長野）で何とか演技をして、その後に手術して。（※注　尿膜管遺残症と診断され、手術を受け、２週間の入院後、１ヶ月静養していた）その手術の影響で焦って捻挫し、世界選手権（15年3月、中国・上海）で転んでと、身体のコンディショニングの前に完全に気持ちのコントロールがうまくできていませんでした。だから、一番のポイントはやはり精神的なコントロールだったと思います。それは多分、ブライアンがいないが故に僕自身がより強く意識できたんだと思いますし、より大切にできたところだと思います。

もちろんブライアンがいてくれたら、もう少しスムーズにシーズンを過ごせていたかもしれないし、もっと気持ちをコントロールできたかもしれません。でも、ブライアンがいなかったことによって、逆にしっかりと自分の気持ちに素直な練習ができ、ああいう結果を迎えられたと思います。こういう課題が残ったから、練習のときにはこういう具合にやらなくてはいけないって、自分の練習法というのが見つかったと思います。

やっとつかめた調整方法

――試合の直前までにコンディションを調整できる、そのコツというか方法論を学んだということですか？

感じるのは、調子が悪くなっていくルーティンと、調子が良くなっていくルーティンが自分の身体の感覚でやっとわかってきたということです。結局、自分の身体は自分でしかわからないし、自分の疲れも自分でしかわからないし、自分のストレス具合だって自分しかわからないんです。

自分が感じている中で、こういう日はこうしたほうが（調子が）上がっていく、でも今は落とさなきゃいけない。あるいは、追い込まなきゃいけないから、じゃあこういう練習をしていこう。でもこういう練習をするためにはこういう精神状態に入らなくてはいけない。そうするためには日常生活の中で、たとえばストレスをかけないようにするとか、リリースする方法をいろいろ考え、生活の中で息抜きを大事にする期間を設けたりします。むしろ気持ちが上がってきているときに、あまりに上がりすぎないように、ストレスをかけるとか、そういうことをやっと自分でできるようになってきました。無意識に、無意識に、追い込んで、追い込んで……。

――オーサーコーチと離れていたからこそ、そういうことを学ぶいいチャンスだったということですか？

一番は4月に国別対抗戦（世界フィギュア国別対抗戦2015、東京）があったこと、これが大きな要因です。

従来は世界選手権でそのシーズンは終わるので、スケーターは皆が世界選手権を目指して全力で競い、終わった後は疲労困憊して、そこで燃え尽きてしまいます。でも、僕の場合は3月の世界選手権でピークが合わなかったから、燃え尽きなかったんです。全部を出し切れなかった状態で、こういう練習をしたからこうだったんだ、と感じていました。

たとえば、具体的な例ですが、僕は調子がいいとジャンプをすごく跳ぶんです。いっぱい跳ぶとだんだん疲れてきて、無理がない跳び方を見つけられるということもあるんですが、逆にそのうちにだんだん全部崩れてきて（調子が）下がっていくこともある。では、下がっているときに何をするかというと、とりあえず立っていればいいって考えるんです。とりあえず立っておいて、それで気持ちをリリースしよう、そして次やろうって。体力の温存というわけではないのですが、一本一本を大切にして、じゃあこれ降りたからいいね、次いこうってやっていくと、だんだん（調子が）上がる。その法則をやっと見つけられて、ケガしたときの対処法や、自分の調子の上げ下げをどのくらいのリズムでやっていくかなどを、国別対抗戦を経験することによってすごく考えさせられたんです。

――国別対抗戦は試合そのものも素晴らしかったし、エキシビションでやったオリンピックのショートプログラムが、オリンピックのときよりも素晴らしい内容でしたね。

トウループがぐらつきましたけれど。（笑）

――だけど、素晴らしかった。金メダリストの自信というのがショートプログラムに表れていたと思うのです。あれは観客としては１２０点満点（笑）さしあげてもいいくらいの演技だと思いました。

あのときは、フリーですでに疲れていた。試合で疲れていたのもあったんですけど、それ以上にピークがいい状態ではまっていました。それこそ、前述のファイナルと同じではないですけれども、結局、ピークが合っていれば疲れていてもある程度跳べるんですね。そこに自信があるから、1本こなせるんです。

――世界選手権にピークは間に合わなかったけれど、国別対抗戦のときはぴったり合った。練習の中で上がり下がりはあったものの、フリーも良かったですし、いいエンディングを迎えることができた。だから、羽生選手はこれからもっともっと進化するのかなと、いい印象を与えて昨シーズンを終えましたね。

エキシビションはそういう感じでしたね。これがたとえば逆だったら、世界選手権のときにピークが合って、国別対抗戦で合わなかったら、もっと悔しいまま終わった、というよりも、工夫できないまま終わっちゃったと思うんです。やはり世界選手権が悪くて、その課題を克服するための国別対抗戦があったからこそ、今こういうふうに、こんなときにはああすればいい、こうすればいいと考えられる。それが逆だったら、試す機会が次のシーズンまでないし、その次、じゃあ、グランプリシリーズ1発目のときにそれを工夫してできるかどうかと言われたら、不安になります。そこでは試合勘もないし、課題も薄れてきてしまいますから。

ライバルを通して自分を見ることの大切さ

――今季はパトリック・チャンの復帰、またこれからもデニス・テン、ハビエル・フェルナンデスといった選手たちが羽生選手に挑んでくる。相手も研究してくるし、羽生選手自身が次のオリンピックまでの3年間で少しずつグレードアップしていかなくてはならない。そのために、これからどのようにやっていこうと考えていますか?

失敗の経験として自分の中にあるのですが、ある程度相手を意識することも一時期は必要だと思います。

ソチオリンピックの前のグランプリシリーズカナダ大会(13年10月、セントジョン)のとき、パトリックのことを意識しすぎて自分の演技が見えなくなったことがありました。あるいはカップオブロシア(10年11月、モスクワ)で初めてパトリックに会ったときにも自分の演技がめちゃくちゃになってしまい、7位という結果でした。

でも、そういう時期ってけっこう必要だと思うんです。もちろん自分は自分でいなきゃいけないのですが、そのときは結果を出すべきときではなかったわけです。

――そういう場合は、五輪までに後3年ある、などと考えるのですか?

自分自身の成長の過程として、1位をとらなきゃいけないという気持ちを持ちつつ、けれども自分が1位になるという気持ちではなく、この人と競ってその結果1位になるといった考えも残しておきたいのです。そうすれば誰々に勝ちたい、誰々に勝つためにはこうしなければいけないと考えられる。課題を見つけるためのきっかけじゃないですけれど、ライバルとはそういうものです。

「自分自身がライバル」ってよく言うけれども、もちろん、精神的なものが大きく、だからそういうところでの課題もたくさんあるのですが、自分だけではないところでもう一つのきっかけを作っておき、自分で自分を見るのではなく、相手を通して自分を見ることによって課題が見つかるのではないかと思っています。

登場、『SEIMEI』

――今シーズン、フリーの新プログラムである安倍晴明（※注　平安時代の陰陽師）の『SEIMEI』は、どのような過程を経て選ばれたのでしょうか？　どのように演技していこうと思っていますか？

去年は『オペラ座の怪人』を選び、他の選手と曲がかぶったりもしました。スケーターが使うプログラムとして、『オペラ座の怪人』は大変に歴史のある曲でした。そこで、今季はそういうものではなくて、心機一転じゃないですけども、皆さんがやったことがない曲ということで『SEIMEI』を選びました。新しい自分を表現できればなという気持ちが、まず一つの理由です。

それに加えて、今回は日本人皆が知っている陰陽師というのがあって、さらに振付師シェイ゠リーン・ボーン（カナダ人）が思う陰陽師っていうのがあるから、その隔たりの中でけっこう二人で悩みながら作ったプログラムです。自分のテイストもすごく入っているし、シェイ゠リーンの独特の動きも入り、まだちょっとバラバラですけど（※注　15年6月時点）、二人の考える動き、それをちゃんと自分のものとして最終的に表現できればと思っています。

――羽生選手の個性が大切になりますね。外国人が和のテイストの演技を観ることを前提に、どうやってオリジナルな表現をするかが今回のプログラムではかなり意識されています。それが、ジャッジの人たちにいい印象を与えるのではないかなと思います。

外国人のジャッジにもいい印象を与えられると思っています。外国人が観て、これは和の雰囲気だなと思うものの中から（表現として）いいものをピックアップしています。

――曲作りや振付けは苦労しましたか？

本当に大変でした。曲作りにもある程度関わったし、プログラムに関しても今まで以上にアイデアを出して、自分のプログラムを作り上げたと思っています。新しい分野の開発っていう側面もありますが、自分にとってはより重みのある、自分も一緒に作り上げたプログラムであって、自分に「色が合っている」という感じがします。

『オペラ座の怪人』にはドロドロしたおどろおどろしい感じがありました。それは嘆きのプログラムであって、僕たちはその嘆きを美しい、きれいだと思っていて、その物語を聞いて感動する人がいる。でもこの話はハッピーエンドかというとそうではない。そんな『オペラ座の怪人』を自分が滑っているときに観客の方々がどう思ってくれているかわからない。そんなこともあって、今回はすごく安心してできます。日本人だから、より安心して僕の世界観を守ってくださるんじゃないかな、守ってくださっているという安心感を抱きながら滑れるような気持ちがします。それは昨シーズンとはまったく違います。

――試合になったらどう変わっていくか楽しみですね。

このプログラムは感情を出さなくてすむんですよ。僕のイメージの中では、安倍晴明公は博士だから理論系の人だし、感情を表に出すようなタイプではありません。映画（『陰陽師』２００１年）の中の安倍晴明公も感情をワッと出すタイプではない。もちろん、苦しい表現だとか、ちょっとほほ笑んだり、という演技もやるんだけど、わりと淡々と技をこなしていって、その曲調に合わせていくのが可能な人物像だと思うので、その点ではプログラムをするにあたって試合の中ですごく楽になります。

『オペラ座の怪人』は、どちらかというと激情があふれているから表現しないといけないと思うし、すごく感情をぶつけないといけないと思う。『ＳＥＩＭＥＩ』に関しては、わりと淡々とできるだろうと思います。

あの曲は映画の曲なので、映画で演じている野村萬斎さん（狂言師。映画『陰陽師』の主役を演じた）のイメージが、やっぱり僕の中では一番の安倍晴明像ですね。

素敵なプログラムになっています。コスチュームも古典的ですし、ショー用バージョンと試合用バージョンが異なっているところも特徴です。

さらに一歩踏み込めた

――『SEIMEI』の音楽は、どのようにしてできたのですか？

最初に、映画のメインテーマを使いたいという話をしました。次に龍笛《りゅうてき》を使いたい、と。太鼓とか龍笛とか、和のテイストを強調できるようなものを使いたかったのです。その考え方を伝えて、まず大雑把《おおざっぱ》に曲を作ってもらったんですが、そこからがまた大変で、できあがった曲のどの部分をどう使うかにすごく悩みました。

もっとも悩んだのはスローパートのトウループが終わった後の部分です。そのスローパートは1分40秒くらいあって長すぎるので、切らなきゃいけなかったんです。でも、切るところがなかなか見つからない。さらに、ピアノの曲が今の自分のスケートに合っているからピアノを入れたいという思いがあって、試行錯誤してスローパートを作りました。最初はピアノソロでしたが、それはそれで何か物足りない。ピアノの音だけでは厚みがない。それでここに、違うパートで龍笛のソロの曲があったので、それを重ねました。

――あのスローパートはピアノと笛の曲がきれいですね。

かなり、難しかったですね。

――自分のコンセプトを入れながら曲作りに参加したのは、初めての経験ですか？

はい、特に日本の曲だからという思い入れがあります。

――ジャッジの構成は日本人以外の人が多いのですから、そうなると外国人に受ける曲がいいのでしょうが、同時に日本の人が聴いて感動するものでもなければならない。

テーマとして陰陽師を選んだのですから、外国人に受けるといっても和物にしないといけないので、そこは工夫したところです。

単に曲をつなぎ合わせていくのではなく、ジャンプ一つひとつのエレメンツ（採点の基準となる要素）が決まりはじめて、振付けをされている最中でも、ここはこうしよう、あそこはああしようって、工夫しながら決めました。

――自分も参加しているっていう実感が大きいですね。

これまでも、エキシビションではけっこう振付けに参加しており、自分からこういうのはどうですか、とかやっていたのですが、フリーやショートになるとそこまで踏み込めなかった。

でも昨年、『オペラ座の怪人』を滑ったあたりからフリーやショートでも踏み込めるようになりました。『オペラ座の怪人』には小さい頃からいろいろなイメージが自分の中にありました。そのイメージをもとにこんな振付けがいい、あんな振付けがいいと言って作ったのが『オペラ座の怪人』です。そして、今年は振付けプラス曲にまで、さらに一歩踏み込んで参加できたかなって思います。

――今回のプログラムの冒頭にある呼吸音、あの息を吸う音で「和」の中に一気に入れる感じがしますね？

自分の中で気持ちの切り替えがしやすくなります。呼吸のリズムって、試合の中で緊張していたり、緊張していなかったり、落ち着いていたり動揺していたりといろいろあるんですが、そんな中、毎回同じ息の長さで入れるのでかなり整えられる。ある程度、一つのスイッチが入るということは、いいのかなと思います。

――羽生選手自らが考えてこのアイデアを出したのは、画期的ですね。階段を一段上った感じですか？

振付師になろうとか、曲を編集する人になろうといった気持ちでやっているわけではないのですが、ただプログラムをやらせていただく立場として、振付けをしていただく立場として、よりプログラム作りに入っていけるようにと心がけました。

――羽生選手との共同作業は、振付師のシェイ＝リーン・ボーンさんもやりやすかったのではないですか？

シェイ＝リーンは、プログラムを滑る本人が気持ちのいい、もっとも気持ちが入る曲がスケーターにとっていいものであると言ってくれました。僕も振付けに関しては、たとえば間合いについて、自分の意見を出しました。シェイ＝リーンとの共同作業はまだ2作目なので、わからない部分もけっこうあるんです。だからこそ自分がそこに参加して、一緒にやれるのは非常に大きいことですね。

――去年よりも今年は共同作業に慣れてきたと思いますが、今度は「和」をテーマに二人の協調性がよりステップアップできるのではないかと想像します。

「和」というテーマ自体が難しいと思います。日本人ならば、これが「和」だっていうある程度の共通認識があると思うのですが、今回の作品のテイストを日本人が観たときに、これが「和」なのかと言われることもあると思います。うまくすべての人の思いをカバーできるようにするのは難しいです。

――自分が「和」をやるから観てくれではなく、人それぞれにいろいろな考え方があるということですね。

やはり、ブライアン・オーサーコーチの指導を受けているからには、勝たなきゃいけないのはすごくわかるし、勝ちたいという気持ちはものすごくあるのですが、たとえば世界選手権3位（12年、フランス・ニース）になったときのあの演技は、勝ちたいとかそういう気持ちではなくて、とりあえず一所懸命やってその演技に感動したと言ってくれた人がいらっしゃった。そういうところが大事だと思います。せっかくソチ五輪で優勝したのだから、戦略的なことだけを見つめるのではなく、もっと自分の中から出てくるものを大事にして、それに加えて点数のとれるようなジャンプの構成とか、そういうものをこなしていければなと思います。

二十歳の決意

――去年のいろいろなできごとを経て、今年はこのように元気になった。前向きに進もうと思う気持ちの表れですね。

そうなんですが、今季ですべてができるものではなく、少しずつ進まねばならないと思います。たとえば、もっとジャンプに余裕を持たせて、もちろん後半にトウループを入れなきゃいけないのですが、そのうえで気持ちを落ち着かせ、プログラムに集中して、そしてこれと対応するようにバランスをうまくとっていかなければいけないんだろうなって。二十歳になったからっていうのもあるのですが、より注意していかなければいけないって思います。

――たとえば、ショートはクラシックでオーソドックスなものだけに、表現に関して難しいと思います。二十歳になった羽生選手として、表現はどのように進化させたいと思っていますか？

自分の個性を出さなきゃならないし、加えて美しく表現せねばならない。その美しくやるっていうのが自分にとってもっとも足りないところで、手の動き、腕の使い方、姿勢などまだまだ甘いなって思います。逆に感情表現に関しては小さい頃からずっと訓練してきたし、元来、感情を出したいというう性格だから、そこはうまく出せます。でも、感情というのは言ってみれば応用であり、美しさについてはもっとバレエを観たりして勉強する必要があります。

——今季こそはショートと、フリーの後半に難しいジャンプを入れるのですか？

去年の夏の段階ではノーミスでしたし、ショートに関しても何回かノーミスで滑ることができたので、できなくはないと思います。ただ、今シーズンは現段階（※注　15年7月時点）でまだ練習が不足気味ですから、まず通常の状態に戻さないといけないのです。

今季は、プログラムがより難しくなったという印象が自分自身あります。それはトウループ（4回転）を後半に入れたから難しくなったというわけではなく、トランジション（要素のつなぎ）であったり、ジャンプの入り方がかなり複雑になってきているからなんです。4回転を後半に入れるという難しさよりも、プログラム自体の難しさを感じています。

——それが成功することによって、GOE（演技の出来栄え点）がプラスになるよう、1年後、2年後を見据えて練習する必要がありますね。

僕、昔からカウンターアクセル（カウンターターンに続けてアクセルジャンプを跳ぶ）をやっていたのですけど、初めてカウンターアクセルをやったとき、プラス1とか2しかつかなかったんです。0もありました。

アクセルってステップからやっている人が意外にいるのです。イーグル（両足を伸ばし、180度に広げ、つま先が外側を向いた状態で滑る）から反対を向いてアクセルを跳んだりする人がいるのだけれど、それを捉えられているかというとそうではない。やはり、ステップしつつ、きれいなジャンプを跳びつつ、ランディングもきれいにしないと、結局その前に跳んだステップも生かされないんです。だから、アクセルならその前のステップに入る形をもっときれいにしていって、「お、ここで跳ぶのか」っていうくらいブラッシュアップしていきたい。そうでないと、加点はとれないんです。去年、イーグルからジャンプを跳んで、降りたらまたイーグルにというのをやったんですが、あれはやはり長いからより目立つんです。

――あれは素敵でした。試合で曲をかけながらイーグルから跳んでイーグルにいくのは難しいことです。

イーグルからのアクセルって自分の基本の動きなんです。というのも、都築章一郎先生（※注 小学生の頃まで指導を受けていた）に習っていたときに、ジャンプが跳べなくなってくると全部イーグルからやらされていました。アクセルに関しては絶対。イーグルからアクセルを跳ぶのは、通常運転というか、跳べなくなってからやる対処法でした。小さい頃からやっていたんです。

これは小さい頃からの練習の賜物だと思います。小さい頃は今以上に練習していたし、時々サボったりもしたけれど、やらされていたから。都築先生のジャンプの練習では普通に跳ぶことはなかったんです。いつも、なにかのステップを入れたりしていましたね。だから、今もジャンプを普通に跳ぶことはほとんどありません。

――それは現在の競技に合っていますね。

以前の６・０（02年シーズンまでの採点法）の時代だったら、そこまでじゃないですけれど、ＧＯＥ

がつく今の競技には合っていると思います。自分の中のモチベーションでもありますね。ただ普通に跳んで加点をもらうのではなくて、難しいことをして点を積み上げるという気持ち良さもあります。

――14年のソチオリンピックで金メダルを獲得。そして今シーズンも今まで以上にモチベーションが高まり、その先には平昌《ピョンチャン》オリンピックがあります。最後に聞きたいのは、「やりたいからやる！」という強い気持ち、その原動力はどこから来るんですか？

これまで自分でもいろいろ考えてきたんですけれど、その中の一つに「オリンピック2連覇」というようなことはありました。小さい頃から、「ただの金だけじゃおもしろくない」と考えていたと思います。

小さいときから人生設計を立てるのが好きで、「19歳で一つ金メダルをとって、23歳でもう一つとる」みたいなことはすごく考えていました。

――羽生選手の意志の強さはよく知られていますが、トレーニングが大変ですね。平昌に向けても注目し続けます。さらに進化してください。

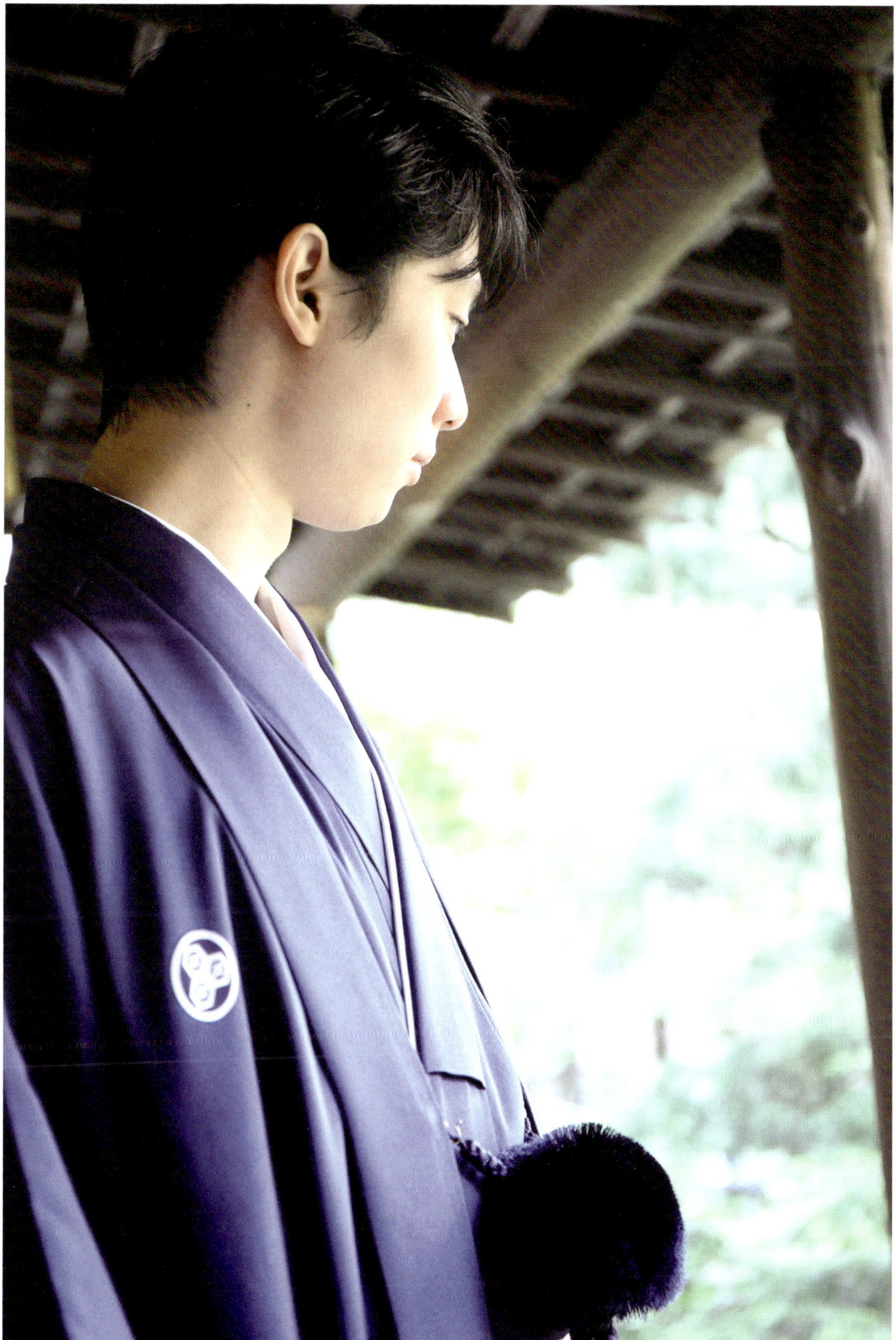

アイスショー――心に直接響く場所

課題が見つかる場所

――今年、アイスショーで必ず4回転を跳びましたね。観客の方々も喜ばれるし、ワクワクしますが、ショーのリンクは競技のリンクと比べて狭いので、難しくはないですか？　また、アイスショーと競技はメンタル面でどのように違いますか？

難しいんです。けれども、これをやることが僕にとっては必要なんです。すごく理論的な話になるのですが、ジャンプは「スピード×カーブ×遠心力」で跳べるか跳べないかが決まります。もちろん、カーブが違ったり、スピードが違ったり、タイミングが違ったりと様々な要素があるんですが、最終的に掛け算が終わった答えが、跳べるときは同じになります。

たとえば、ジャンプが跳べる瞬間の力の具合が同じだったり、フォームだったり、絶対的なこれだけはゆずれないという最大公約数みたいなものがどこかにあって、それをより難しいというか、より環境の違う状況で跳ぶことでわかるんですね。この状況でこれをやっておけばいい、といった感じです。

——普通ならば、弧のところで跳んで、テイクオフとランディングが同じ弧になるのが理想的です。しかしショーのときはまっすぐに入って、降りてとちょっと難しいのではないですか？

まっすぐに入って、降りてというのは無理なんですが。今もやるんですけど、たとえばジャンプを跳べなくなったとき、普通にステップから入って跳べなくなったりしたときに、何も考えずにぶらぶらしてシュッと跳ぶとジャンプできるんです。

タイミング、（身体を）締める感覚と早さ、スピードなどが跳ぶたびに違うのです。スピードが速くなればカーブは大きくなるし、スピードがなかったらカーブは小さくなる。氷の状況もあるし、そのスピードに合わせ、そのときの体調や足の疲れ具合などすべての状況にいかに合わせられるかなんです。

たとえば、足が疲れてジャンプが浮かない、身体を止められないとなったとき、どうしたら止められるか。たとえばスピードを落とすと上にあがれない、それならばスピードを落とす代わりにどこを速くするかと考えます。逆に疲れていないときにそれをやったら跳べるかというと、そうではない。

後半で跳ぶ一番の難しさはそこで、1発目と同じに跳べばいいというわけではなく、疲れた状況に合わせた自分のジャンプを模索しなきゃならないんです。

アイスショーで今年はほぼ全公演、後半でアクセルを跳ぶようにしています。これまでも、狭いリンクの中で2、3回決まっていますし、後半のトウループに関しては4回くらい決まっているかな。
つまり、アイスショーは競技者にとって課題が見つかる場所でもあるんです。
試合は勝ち負けの感情がけっこうあるから、メンタル面が違います。自分の演技の振り返り方が違うのです。試合で勝ったときはじっくりと見返すし、勝たなかったときはそんなに振り返らない、いやなイメージがつくから。でもショーって何回もやらなくてはいけないから、その中で自分の感覚として、視覚的ではなく、感覚としてわりと学びやすいのです。

アーティストとの共演

——ショーはお客さんと会話できる。一方、試合は自分の演技の場。会話ができるという意味では、アイスショーは自分の気持ちを出す場なんですね。

たとえば、『Believe』（アイスショーでアーティストとコラボした曲）は意外とアクセルが多いから気が抜けません。それに、歌手の方の生歌を聴きながら滑るから感情が入るんですよ、否応なしに。

——歌手は歌唱力をアピールしたいし、選手は演技でアピールする。共演でありながら、そこで競争をしていて、それが、お客さんに感動、迫力を与える。だから、演技が良ければ良いほど、お客さんは見応えを感じるのですね。

生の音はすごく力強い。毎回微妙に変わるし、半面、いつも同じように演奏してくれてその人の感情が聴こえます。競技のときの音源は毎回同じ音が流れて、同じように脳内再生されるんだけれど、生の音って脳内再生ではなくて、現場で直接心に響く音。競技では音を聴かなくても頭に入っているので、だいたい決まった時間で滑れます。でも、生の音ってその会場のそのときにしか生まれないものだから、想像できない。そこに乗せるのはとても気持ちがいいんです。

——そういえばあるアイスショーで、リンクの修復をしている間に、演奏の方がアドリブでバラードを弾いてくれて、ショーを盛り上げてくださったことがありました。スケーターと音楽家はともにアーティストという感じがしましたね。

そうですね。でも、同じアーティストでも、演奏の方や歌手の方とスケーターとは動きや運動量が違うし、使っている身体のパーツが違います。そこで、僕らスケーター側がアーティスト側に近づこうとするんです。そうしないといい歌が聴けないし、いい音が聴けないから。そんなとき、演奏の方もスケーターに近づいてくださると、お互いに距離感が縮まり、ショー自体がいいものになります。毎回毎回違うんです、アイスショーは。そこがおもしろいところですね。

2

シーズン開幕
——苦い緒戦で見つけた勝機

世界王座奪回を目指した15～16年シーズンが幕を開けた。10月末から行われたグランプリシリーズ初戦のスケートカナダは、ショートプログラム6位と出遅れた。フリーで2位と巻き返したものの、総合も2位。1年間の休養から復帰し、ソチ五輪以来の対戦となったパトリック・チャン（カナダ）に敗れ、悔しさをかみしめた。しかし、この負けが羽生選手を突き動かした。プログラム構成を、より難しくする決断を下したのだ。

自分の持ち味をいかす

――スケートカナダ2位（10月、レスブリッジ）、悔しいですね。しかし、どうしたら勝てるかを考えるきっかけになりますね。

こんなに考えるのも久しぶりです、ソチ五輪のシーズン（2013〜14年）がこんな感じでした。

――13年シーズン当初はパトリック・チャン選手（スケートカナダで優勝）と何点差がありましたか？

30点です。ソチ五輪のときに一番怖かったのはパトリック・チャン選手。彼がサルコウを跳んでいる動画をアップしたんです。それで、サルコウを入れてきたらどう対抗しようかとちょっと考えたのです。それ以来です、こんなに考えるのも。

――さて、それでは次にどうすれば勝てるか？　オーサーコーチはエレメンツの移動を効果的に使うことを指摘していましたが、羽生選手の得意なところですね。

ええ、エレメンツの移動をエキシビションの練習の中で今日、軽くやってみました。今日やったのはショートの入り方ですが、イーグルからサルコウに入ってみること。北米のリンクは縦に短く横に長くてフェンスとの距離があるから、こういうリンクの上でのサルコウだったらもう少し深くなります。

――インサイドのイーグルからバックアウトのスリーターン→左足に乗り換えて→バックインから4回転サ

ルコウ、４回転トウループのコンビネーションジャンプ、最後はカウンターターンからトリプルアクセルという構成ですね？

サルコウの入り方が気持ち良かったです。曲に合うでしょうか？

――合うと思います。しかも、４回転サルコウをインサイドイーグルからできるのがすごいです。それを本当に競技の中で使ったら世界で初めてですね。

いろいろ考えています、今回だけのためではなく、平昌五輪も見据えながら。イーグルからサルコウってどれくらい心地いいかを確認したいです。

今、感じるのは、言いすぎかもしれないけど、小さい頃からこういう練習をさせられてきたということなんです。僕自身もそういうのが好きだったし、曲に合わせて跳ぶのが自分の持ち味だと思うんです。そこをＧＯＥで評価していただいてきました。

それに加えて、昔からランディングポジションも注意されてきました。確率的にはよくないかもしれないけれども、同じ動作を繰り返さないということも注意されてきました。

――同じ動作を繰り返す、つまり同じように（ジャンプに）入るほうが感覚的に楽ですからね。しかし、ただ跳ぶだけでなく、難しい入り方と降り方のほうが点数につながります。

たぶん、パトリックに対抗するのにトランジションのクオリティで対抗したら勝てない。それならばそこで勝負するのではなく、ジャンプを跳ぶ前にステップして、それも、簡単に見えるけれど実は難しいステップから跳ぶような、「えっ、そこから跳ぶ？」みたいな構成にすれば、勝機が出てくると思います。

――スケーティングスキルを上げていくためには、具体的にどうしますか？

とりあえず、肺活量をつけます。それしかないかなと思います。まずはジャンプやスピンなしでもいいから、とりあえず全力で4分半を通す。スピン抜きでもジャンプ抜きでもスケーティングで本気を出し、身体を思い切り使って、まず4分半ちゃんと通せるようにする。そのうえでスピンを入れて、次にジャンプを入れて、徐々に増やしていって、フルで通してできるようにします。

今でも覚えていますが、11～12年シーズンの頃の滑り込みはすごい量でした。ジャンプなしで滑り込んでいた。曲をかけて、パートでも全力で、本当に気持ち悪くなるくらい。（笑）そういう練習がいま必要。それが、あのときにあって今はないパッションの部分だと思うんです。

カナダに練習拠点を移して、プログラムが戦略的になって、演技がまとまるようになってきた。もちろんいいことだけど、自分の根源となるパッションを盛り込まないと羽生結弦ではなくなってしまうから。五輪チャンピオンになったからといって、そのままでずっと勝てるわけではない。この3週間でいろいろやってみてＮＨＫ杯に間に合わせる。それくらい努力しないといけないと思います。

だから踏ん張って、身体のケアを怠らないようにしたい。どんなに練習してもケガしたら元に戻ってしまう。これだけは肝に銘じたいです。

3

世界最高得点330・43の真実

失意のスケートカナダを終え、羽生選手は攻めた。ショートプログラムに2種類の4回転を組み込むという高難度のジャンプ構成に挑んだのだ。4週間後のNHK杯では322・40点、続くグランプリファイナルでは330・43点と、世界最高得点をたて続けに塗り替えた。グランプリファイナルでは男女通じて初の3連覇、全日本選手権でも4連覇を達成した。圧巻の演技の裏で、羽生選手は何を思い、どこを目指していたのか。

ジャンプが跳べればこそ

――グランプリファイナルではショートプログラム、フリースケーティングともにパーフェクトの演技で世界最高得点を更新しました。NHK杯から2大会続けてほぼパーフェクト！　ファイナルはNHK杯のときよりプレッシャーがあったと思います。

自分でも（NHK杯を含めて）こんなにプラス（GOE＝演技の出来栄え点）をいただくとは思っていませんでした。サルコウにしても、イーグルから入ってサルコウを跳んでイーグルで終わる。でもそれはステップからの単独ジャンプだから、確実にやらなくてはいけないものです。そこまで質を高めないと加点されない。だから、イーグルから入るにしても、どれだけ質を高められるかを追求していました。ステップからの4回転＋3回転にしても、これまでトウループ＋トウループで降りたことがないので不安はすごくあったし、自分の中ではサルコウの後の4回転＋3回転トウループだったので、体力的にも集中力という面からも、難しいところはあると感じていました。

――サルコウはエッジ、トウループはトウで踏み切る。テイクオフが根本的に違うからですね。

全然、違いますからね、やはり。

――ただ、構成を変えたショートプログラムの冒頭の4回転サルコウですが、インサイドイーグルからバックスリーターンを描いて4回転サルコウを跳んでイーグルに入るのは、これは誰もやっていないこと。もしルールが変えられるなら、プラス5がついてもいいと思いました。

自分には何ができるか、何が一番曲と合うのか、ということを考えていました。たとえば今季、オータムクラシック（10月、カナダ・バリー）前に4回転の入り方をいろいろ変えて、ジェフリー・バトル（ショートプログラムの振付師）にあれでいい？　これでいい？　と確認しながらやっていました。

――誰かの指示ではなく、自分でやったということですか？

ほとんど自分でやりました。最初、イーグルからイーグルって絶対に無理だと言われたんですよ、ジェフからも。実際、サルコウはそんなに成功の確率が高くないし、今までの試合の成績から考えてどうしようかと思いましたが、結局イーグルを外しませんでした。その理由は、ジェフもアクセル前のイーグルがすごく気に入っていたし、音に合っていたので、ジャンプの難度や得点は大事だけれど、それよりも曲の印象には気をつけねばならないと思いました。

――そうですね。ジェフも曲を大切にしていますね。

ジェフは曲をすごく大事にしてくれ、その半面、ジェフなりの音楽の解釈に僕が飲み込まれているところもあり、昨季は僕がジェフのレベルへ追いつけませんでした。でも、今季は1年間、曲を聴き込んで、少しはジェフに追いつけるようになったかなと思います。この1年間があったおかげで、アレンジに自分の気持ちや感情を乗せられるようになったと思います。

――NHK杯とグランプリファイナルを観て、乗って演技しているという印象を強く感じました。

ジャンプが跳べればこそだと思います。

――ジャンプが跳べればプログラムに入り込め、曲にも乗っているから、いっそうの相乗効果が生まれたん

ですね。

今回感じたのは、やはりノーミスの大切さです。（ファイナルの）ショートでパフォーマンス10点っていうものをISU（国際スケート連盟）公式の大会で初めて出していただきました。ショートを終えてスコアを見たとき、「49点」で、そこまで出していただけた！　と思ったくらいびっくりしました。

これはやはりノーミスだからこそ出た点数だと思います。一つひとつのジャンプが途切れず、ランディングがピタッとはまっていることの大切さです。ジャンプを今までおろそかにしていたわけではないし、もちろん他の演技をおろそかにしていたわけではないのですが、この時点で教えられたのは「ジャンプも表現だよね」っていうこと。これまでも意識していたけれど、NHK杯からグランプリファイナルまでの間、やっぱり「ジャンプも表現だよね」ってところをすごく注意してやってきました。

――確かにそうですね。NHK杯ではサルコウがちょっと斜めになっていましたが、グランプリファイナルではすべてのジャンプが素晴らしかったですね！　だからこそ、プログラムがぐっと生きてきましたね。

僕は振付けをけっこう変えるんです、試合の途中で。正確に言うと、振付けが入っていないところに自分で入れるんです。ただのクロスのところでも手を広げるだけで、たとえばグーにするかパーにするかでぜんぜん違うと思います、曲の表現って。野村萬斎さん（羽生選手と『SEIMEI』について対談をした）がおっしゃっていたとおりで、真っすぐの状態のクロスでも手を真っすぐにするか横にするか、それだけでもまったく印象が違う。振付けって固定されてはいるけれど、自分たちでアレンジしていいところもあると思います。そのときの感情や会場の雰囲気、そのときの調子などから何かをプラスできると思うんです。

――記者会見で「これからどれだけ皆をびっくりさせるんですか？」といった質問がありましたね。（笑）

別にびっくりさせるためにやっているわけではないし、自分は何ができて、それをどこまでできるのかっていうのが、まだわかりません。これ以上何を求めるのかと言われたら、GOEとかそういう問題でなくて、今、自分が一番マックスでできることは何か、ということが大事だと思います。

NHK杯は誉めていいかな（笑）

――グランプリファイナルのショートプログラムは、観ているほうとしてはほぼ完璧だと思いました。

グランプリファイナルのショートは、どれだけ音と一体化できるかをすごく意識しました。今まで『バラード第1番ト短調』（以下、『バラード第1番』）では、自分は演奏者にならなきゃいけないという考えがありました。自分が音を奏でている、自分が音を出している、そうならなければいけないという強い思いがありましたが、それだけではダメだなと気づきはじめました。曲があって、演奏家がいて、でも僕はピアニストではないのだから、その中間というか、違う次元でやらねばならない。それらがすべてかみ合って初めていいプログラムになると思います。

ショートの曲は純粋なピアノソロです。ピアノソロは演奏者がすごく（前面に）出ています。これまでいろんな方の『バラード第1番』の演奏を聴いてきたけれど、クリスティアン・ツィマーマンさんの演奏が一番しっくりくる。どんな感情でどんな体勢で弾いているのか、YouTubeでの映像を観て研究しました。ツィマーマンさんって意外に若いんですよ。

――そこまで研究するんですね。

普通はもっと激しく、もっと速いテンポなんですよ、いろいろなところが。それをツィマーマンさんは丁寧に弾いている。だからといって感情を込めているかというとそうではなく、淡々と演奏していらっしゃる。だから一つひとつ丁寧にやっていこう、そのうえで最後にワッと盛り上がるところで感情を表現し、たとえば手の動きからちょっと気持ちがにじんできているよね、なんか伝わってくるよね、というレベルで表現したいと。それを今季、NHK杯を含めてグランプリファイナルまで取り組んできたと思います。

以前の演技は鍵盤の上を走っているようなイメージでした。ただただ、タタタと演技して、もっと軽かった。でも、今は一つひとつの音を踏みしめているような感覚です。

冒頭をサルコウとトウループにしたからというのもあり、振付けがだいぶ変わっています。速い音のところで以前はスピンが二つだったけれど、そこをトウループにしたことによって、また違ったダイナミックさが出て、その速い音でゆっくりとした動きが出せるようになりました。

――4回転を一つ増やしたことによって、このプログラム構成は初めからスッと流れていますね。

やはり、以前と違うプログラムになっていると思います。ステップは最後まで一緒だし、最初の入り方も同じだけど、以前とは違うものですね。どっちがいいかというと、4回転2本のインパクトも大きいし、パーフェクトをやっているので、今回のほうがいいと言われるかもしれないですけれど。

――今まで滑り込んでいるからこそ、４回転を２本入れてもできるようになったんですね。

ＮＨＫ杯のときは、スケートカナダから振付けを変更してから、まだ3週間でした。あのときはけっこう大変で、最初サルコウをやりはじめたときはダブルにもならなかった。タイミングが合わず、アクセルのタイミングになっているんです。僕はジャンプのタイミングを音で覚えるのですが、どんなに調子が悪くても『ＳＥＩＭＥＩ』の曲をかけると反射的にサルコウに入る、パーンと。それくらい覚えちゃうので、ジャンプを変えたときに違和感がすごくありました。

――それにしても切り替えたエレメンツの構成でこれだけやれたのはすごいですね。

ＮＨＫ杯は誉めていいかな。（笑）自分の中ではグランプリファイナルはできて当然みたいなイメージもあったし、やらなくてはいけないというプレッシャーがあったから、終わってわりとほっとしていました。でも、ＮＨＫ杯は「よくやった！」みたいな。（笑）

過熱したメディアの報道

――ＮＨＫ杯のフリースケーティングは、皆が感激しました。自分自身として気持ちのぶつけ方はいかがでしたか？

なんか、ＮＨＫ杯は、緊張しすぎてしまいました。

――緊張しすぎた？

緊張しない試合はないです。

――グランプリファイナルもパーフェクトでしたが、ノーミスは2回目でした。

1回目、2回目という感覚の違いがあるかもしれないけれど、会場の違いもあるし、自分の感情も異なるし、やはり別物ですね。演技として、プログラムとして二つを比較するのではなくて、別物として観てほしいと思います。観ている方々の感情が違うのと同じように、僕たちが演技している感情も違います。それに緊張が加わり、その緊張の中に楽しみがあるのか、それとも不安があるのか、いろいろな感覚がうずまいているんです。

――NHK杯とグランプリファイナルのときでは、ご自身の中での違いはありましたか?

NHK杯のときは、絶対に跳んでやるという気持ちで、守りではなかったです。でも、グランプリファイナルでは、演技内容は攻めていましたが、自分の気持ちの中ではNHK杯のときよりも守りでした。自分が以前やった演技を守らなくてはいけない、と。感情が入っていないのかと言えばそんなことはなく、むしろグランプリファイナルのほうが感情を入れられているし……なんだろう……。

――やってやろうという感じはあったと思いますが。

最初のサルコウを決めたときにはあったけれど、次のトウループはすごく緊張しました。グランプリファイナルのときのほうがより自信を持っていました。一つひとつ演技するにあたって、たとえばNHK杯のときはジャンプのここを集中しなきゃと考えていたのが、グランプリファイナルではそれが取り払われていた感じがします。逆に言うと集中しきれていなかったのかもしれません。

演技内容はいいかもしれないけど、ジャンプということに関して言えば集中しきれてなかった。そのプレッシャーがあったからこそ、ほかの演技に集中できたかもしれないし、その割合が大きかったかもしれません。逆に言えばＮＨＫ杯のときはジャンプに集中できていたからこそ、あの演技ができたかもしれません。それはもうわからないです。

――ＮＨＫ杯とグランプリファイナルでは観ている人の思いも違うだろうし、演技自体も別物なんですね？

全然違うものなんですよね。自分でもすごいと思うのは、比較動画を観ると、振付けは全部同じところで入っていて、ジャンプもほとんどずれていないんです。（笑）ショートもそうですけれど、試合で決めた経験は大きいです。以前は、なかなかサルコウが決まらなかったのですが。練習での確率は今のほうが良いといえば良いけど、以前もそんなに悪くなかったと思います。６分間練習ではちゃんと決まるし、じゃあなぜ試合で決まらないのだろうという感じでした。それが安定しはじめたのはやはり曲かけ練習で何回も決まるようになり、自信がついてきて、それでサルコウに対して硬くならなくなったと思います。

――肩に力が入らなくなってきた。肩が柔らかくて、すっと入っていく感じがしますね。

跳ばなきゃ跳ばなきゃと思ってやっている感じが、オータムクラシック、ＮＨＫ杯、グランプリファイナルとだんだん薄れてきているんです。これは物理的なものでなく、もう精神的なものです。

――グランプリファイナルの前にはメディアの報道も過熱していました。

ＮＨＫ杯が終わってからの報道で「３連覇、３連覇」「世界最高得点」と取り上げていただき、プレッシャーという点からは強くなってきました。でも、それを意識してグランプリファイナルで演技したけれど、そんなプレッシャーがあってもできるんだなって思いました。

――そういう気質は選手としてプラスですね。

これは性格もあると思います。負けず嫌いというのもあるし。それで幸せと思えるのは、自分が負けたくないと思ったときにはやりたいと思っていたことが全部できるんです。それが幸せ。都築章一郎先生はじめ、いろいろな先生から学んだ基礎があるからこそ、負けたくないと思ってアドレナリンのような興奮物質が出たとき、僕の中の引き出しが開けられると思うんです。それができる自分は幸せだと思います。

ノーミスを目指して

――NHK杯、グランプリファイナルと世界最高得点を更新する演技をしました。でもパーフェクトでやり続けるのは、非常に難しいこと。3度目のパーフェクト挑戦となった全日本選手権（12月、札幌）前、そしてその全日本で転倒したものの、4連覇を果たした今、羽生選手の気持ちの持ち様はどのようなものですか？

全日本はパーフェクトを狙っていました。そしてそのままパーフェクトで世界選手権まで目指そうと思っていました。自分はどんな大会でも間違いなく、その状態のベストを出していると思います。そして、たとえそれがミスした演技であってもです。どの大会でもどんな演技だったとしても、そのときのベストな状態の演技をして、全力を出しています、結果の良し悪しは別としても。全日本も前半は良かったわけだし、僕自身は頑張ったつもりでいます。ただ、ピーキングという点に関してはうまく合わせられなかったという反省があります。

ショートの練習をしていて、最近思うことがあります。それは、フリーで後半に4回転を跳んでいると、そういう練習をしているからこそ、なんでショートではサルコウを跳ぶんだろう、みたいな自信がついてきたし、ショートプログラムの2分50秒の短い時間になんでこんなに息を切らせながらやっているんだろうと思うくらい、自分の中でショートプログラムというものがパッケージとして見えてきました。今までは、あれやんなきゃ、これやんなきゃといろいろな課題があって、それをこなしていくだけでしたが、今はこれまでの不安が何だったんだろうと思うくらい、自信が出てきたと思います。

——ジャンプへの技術的な自信と質は高まったと思いますが、後は精神的にその時々に合わせることが課題ですか？

そこだと思いますね。特にショートの場合、いったん試合でミスしはじめると、その印象がぬぐえない。練習でも結局ミスしたところを練習するわけじゃないですか。次はミスしたくないという思いがあるので、それは失敗に引きずられているわけです。

——全日本では6分間練習できれいなサルコウを2本跳んでいましたね？　どうして2本跳んだのですか？

あのときは、公式練習でサルコウを何回も跳んでいたのにうまくはまっていなかったので、6分間の前にどこを修正すればいいか考えていて、一発じゃ不安だったんです、一つがはまっても。

——それで確かめたわけですね、もう1回。

グランプリファイナルのときはトウループが不安だったから、（6分間練習で）4回転トウループ+3回転トウループを2回やっているんですよ。全日本での6分間は失敗だったかもしれないけど、公式練習でのパンク（ジャンプをしてすぐに回転を止めてしまうこと）のイメージを払拭《ふっしょく》するために、足にイメージをつけようと6分間で2回やろうと決めていました。6分間をどう使うか、どの大会でもそれを常に考えています。

――そして、本番の演技では3連続ノーミスを目指したのですね?

何度もノーミスでできる人もいるから、それを目指しています。(エフゲニー・)プルシェンコ選手は8年間ミスしなかった。でも、それを考えると、僕も『パリの散歩道』では5回連続ノーミスでやっているんですよね。

――ノーミスでやれる自信って必要なことかもしれませんね。

ある程度の自信が必要だと思います。ソチ五輪でも団体戦でもノーミスでできているじゃないですか。あのときは団体戦から本戦まで1週間くらいだったんです。1日休んで3日間の練習くらいの間隔だったと思います。結局、ショート1回だとしても、試合の緊張感を保たなければなりません。また、団体戦だから、前哨戦だからと手を抜くわけにもいかない。絶対にここで決めないと自信が持てない。だからそのためにノーミスを目指して演技しました。実際ショートは精神的な戦いだと思います。今回はうまくいかなかったのですが、自分の気持ちの持って行き方などの改善点が見えて良かったと思います、全日本という舞台で。

――海外の試合が気楽とは言いませんが、全日本のほうが緊迫感がありますね。

全日本ならではのリラックス感もあるし、それとは裏腹の緊迫感もある。グランプリファイナルに出場した人たち、グランプリシリーズを戦ってきた人たち、ブロックを戦ってきた選手たち、どの選手も一番疲れが出るところです。全日本選手権は、これまでの試合の流れがいったん途切れて、ドッと疲れが出てくるというのがわかっていて、それでもいい演技ができるように、精神力と体力のバランスをうまくとらなきゃいけないと思います。

やっと練習ができる

——精神的に自分が強くなったと思いますか？

余裕ができました。練習の仕方がだいぶ確立されてきて、この方法でいいんだなとわかってきているので。ジャンプが跳べるからこそ感じられる迫力であったり、オーラであったり、気持ちに余裕を持って演技に臨めるからこその雰囲気であったり、表現であったりというのが絶対あるはずです。そう考えると、いつでもジャンプをしっかりと跳ぶことができるようにならなければいけないです。

——全部がそうではないけれど、されどジャンプなんですね。

どんなに表現がうまい選手でも、ジャンプがきれいに決まってこその完成されたプログラムじゃないですか。ジャンプをミスしたら完成されたプログラムではなくなります。

——羽生選手の美しいジャンプは、表現力を支えるという意味においては有利に働きますね。

僕の場合、小さい頃からステップからのジャンプを練習していたり、音に合わせること自体が好きだったりとか、そういうものが積み重なっているからだと思うのですが、本当に小さい頃からの先生の教えと練習の賜物だと思います。今でもコーチのブライアン（・オーサー）やトレーシー（・ウィルソン）が、どんなジャンプでもステップから跳ばせます。だから、ステップからやることが好きだし、ジャンプが難しくなること自体が好きだから、それはやりやすいです。
トウループの跳べる範囲が広がっているし、練習で調子いいときはインスリー*からでもモホーク*からでもバックスリー*からでもカウンター*からでも、できるようになりました。ブラケット*からでも跳べるからトウループがアクセルなみの確率になってきているんですよね、調子がいいときは。(※注 *はすべてターンの種類) だけど、それがいつも維持できないというのは、やっぱりまだ確実に跳べるというところの許容範囲、4回転独特の狭さがあるんだと思います。もうちょっと気持ちに身体がついてくればいいかなと思っています、技術的なものだけではなくて。

――330・43という世界最高得点が出て、ショートプログラムとフリースケーティングが完成されてきた観はありますが。

自分ではあまり感じないですね。ベースバリューを上げることはこれからいくらでもできるわけですから。

――ステップがレベル3ですが、世界選手権で4をとるためには、どのように改良をしますか?

全日本でとるつもりだったんですけど、疲れてしまいましたね。全日本の場合、フリーでは集中力はあったので、その点ではうまくコントロールできていました。前半に力を使い果たしたわけではなかったから。ただグランプリファイナル、NHK杯と比べるとやはり持久力が足りなかった。どんなに疲れている状況でも、安定して後半の4回転を決められる体力をつけなければいけない。後半に4回転を決めればだいたいアクセルまで続きますから。

――2015年の全日本を終えて、世界選手権に向けてどういう心構えでいきますか?

実を言うとホッとしているんです。やっと練習ができると思っています。試合のための練習しかしてこなかったから、やっと自分の力を引き上げるための練習ができる。跳べるジャンプがいろいろな種類あるし、4回転ルッツもまぐれで1回は跳べているわけだし、試合で観て刺激を受けてきているからこそ、いろいろな技を習得して、来シーズン、あるいは次の世界選手権でできればと思います。完成されたとは思わないけれど、ノーミスの演技はできているわけだからやれるかなと。4回転ループの練習に関して言えば、オータムクラシックの前からやっています。シーズン初めからやっていて、跳べるときはきれいに跳べています。

4回転ループを試合で跳ぶためには、逆にショートで余裕を持たせなければならない。せっかく10点、満点まで後2・5点くらいしかないまでに評価していただいたわけですから、まず、しっかり跳べるようにして、そのうえでループを跳ぶか跳ばないかを考えたいと思います。

4

世界選手権銀メダルの重み

15～16年シーズンを締めくくる16年3月の世界選手権で、羽生選手は2年連続の2位に終わった。ショートプログラムで首位に立ったが、フリーは乱れて、ハビエル・フェルナンデス（スペイン）に逆転を許した。実は左足甲の靱帯《じんたい》を痛めていた事が、試合後に発表された。シーズン前半に世界最高得点を2試合続けて塗り替えるなど、圧倒的な強さを誇ったが、シーズン最大の目標だった王座奪回を逃した。

練習と休息のリズム

――2015〜16年シーズンが終了しました。15年12月に全日本が終わって、16年1月にアイスショーがあり、2月の四大陸選手権には出場しなかった。この間、羽生選手は何を考え、どのように過ごしたのでしょうか？

3ヶ月の間、ずっと世界選手権（3〜4月、アメリカ・ボストン）のことを考えていました。

1月は足の痛みがピークで、歩けませんでした。（※注　左足甲の靱帯を痛めていた）かなり痛くて、全日本の前は練習できなかった日もありました。現地（札幌）に入って、治療にも専念しましたが、なかなか改善しきれませんでした。四大陸選手権の出場を辞退したのだから、その間にしっかり治したかったのですが……。

――結果論ですが、全日本の後にスケートを休んでいれば、世界選手権優勝のチャンスが広がったかもしれませんね？

休めば治るというものではないですが、身体のメンテナンスをやりつつ、4回転トウループを跳ばない期間が必要でした。でも、メンテナンスをしっかりできなかった。痛みだけでなく、痛みの原因を取り除かなければいけなかったのですが、痛みをとるために何をしなければいけないのか、うまく対処しきれていなかったという気がします。

――世界選手権前のカナダ・トロントでの練習は、足の痛みのために2日やって1日休むというスケジュールだったと聞いています。

この方法がベストだと思いました。氷上でやるべきこともたくさんありますが、陸上でしかできないこともあると思います。それを休んでいる間にこなそうと。

僕は陸上でしかできないことも大切だと考えています。ジャンプに関しても、スケートに関しても、スピンに関しても、フォームや考え方が大事だと思います。それらの分析をオフの間に行います。それは、自分自身で考えてやります。

これが今はものすごく大事で、いろいろなことをノートにとっていますが、やはり分析をした後が一番、調子が良い。だから僕にとっては、その過程が大切だと考えています。それで、2日練習し1日休む、3日練習し1日休むという1週間のスケジュールを守っていましたが、これによってメリハリをつけやすくなりました。

また、試合の前には必ず移動があります。国内の試合でも移動のために練習を1日は休まないといけません。でも毎日、毎日、練習をやっていると、休んだ後の対処ができないのです。これまでずっとこのような方法でやってきて、今回のボストンも(移動日の次の)初日の練習はたいへん調子が良かったので、あのまま調子は上がる予定でした。本当は、たぶん上がっていたんです。でも、上がりきらなかった。

心と身体のバランス

――今回の状況の中で、試合直前の心と身体は、どのような状態に持っていったのでしょうか？

ゾーンに入るとか入らないではなく、いい演技ができる集中とは、精神状態と身体の状態、このバランスが大切なのではないかと今は思っています。

たとえば、ＮＨＫ杯のときにいい演技ができましたが、あのとき、その二つが最高の状態からみて80％と80％でした。では、同じようにいい演技ができた次の試合のグランプリファイナルで、身体の状態が80％だったかというとそうではないのですよ。あのときは50％くらいです。後で練習映像も観てみましたが、４回転トウループが少し不安定だったりしていました。でも、試合のときの精神状態も50％くらいだったのです。バランスがうまく取れていたからこそ、いい演技ができたのではないかなと思っています。

世界選手権では、最初、身体の調子は90％でした。90％まで持っていけるように練習段階から組み立てていたからですが、試合期間中に身体の状態だけ30％くらいまで下がってしまいました。ＮＨＫ杯やファイナルより悪い状態です。それに引きずられて精神状態も下がってしまいました。この二つが一緒に下がってくれれば（バランスが取れて）いいのに、身体の状態が先に下がってしまいました。だから「ぐちゃぐちゃ」だったんです。頭の中も「ぐちゃぐちゃ」だったのですが……。結局、バランスが同じくらいにコントロールできたのがショートの試合のときだけ。極度の興奮状態になって、身体の状態が非常に良くなりました。ただ、それは自然なピークではなく、いわば無理やり馬鹿力を使ったような状態だったからこそ、ショートの後に身体の状態と精神の状態が一気に下がってしまいました。

その下がった中で身体の状態が落ちて、一方で集中状態はある程度キープしたまま残ったので、この二つが合わなくなりました。フリーの前には、燃え尽きたような状態でした。今までの経験上、ショートはショートで喜ぶというのが自分の考え方でした。それはそれで良かったのですが、身体だけは無理でした。

――これから先も同じことが起きる可能性がありますね。

そうなったときにどうするか？　まず単純な答えは、そんな状態になってでもノーミスで演技できるくらいにレベルを上げることかなと。加えて、いろいろなことを試していってレベルアップしていければと思っています。

イメージから少しはずれた

――それでもショートは自己ベストに近い点数をとれました。

あのショートはすごく嬉しかったです。でも、本当はそこまでエネルギーを使いすぎないプログラムのはずなのに、ショートだけでバンと使ってしまいました。

――だからでしょうか、フリーは綿密に作られているプログラムだと思いますが、これまでの試合での演技

とは何かが違う感じがしたのですが……。

自分でも思いましたが、あのプログラムは、４回転サルコウ、４回転トウループ、２本目の４回転サルコウ、それ以外のジャンプやスピン、ステップを含め、技術的にも見応えあるプログラムだと思います。でも、今回、最初の４回転サルコウをミスって、そこから全部の歯車が狂いはじめました。今回、完璧なもの、つまり、全部立って当たり前、プラス全部きれいに降りないといけないというのが自分の中にあって、それをすべて綿密にイメージしきれるようになっていた。だからこそ一つ崩れた段階で、それが、ちょっとずつバタバタと、そして全部崩れた。

――まるでドミノ倒しのように崩れたのですね？

だから余計に疲れました。イメージに乗せることができて、それがコントロールできれば、たぶん、そんなに体力を使う必要はないのですが、あそこで一瞬、ちょっとずれただけで、自分のイメージから少しはずれたんです。だから筋力などでカバーする必要があった。無駄な体力や精神力を使いすぎてしまったというのは、間違いなくあると思います。ルッツの後につまずいてしまいましたから。

――身体がいつもより重い感じがしましたが？

何もできなかったです。

――本来ならば、もっと軽やかな動きに感じますが……。

それが僕のスケートの一つの特徴で、いつもはイメージに乗せているのですが、でも、そのイメージがなくなってしまった。ショートのこともあり、正直、難しい状態での演技でした。

エキシビションは良かったでしょ（笑）

――リンクの氷のせいにするわけではないですが、世界選手権でパトリック・チャン選手が発言していたように、氷が一部溶けていたそうですね？

ショートとフリーの会場の気温を測っていた人がいたのですが、ショートのときは4度、フリーのときは17度だったそうです。何でパトリックと僕、ボーヤン（・ジン）がだめだったのか？　ボーヤンもルッツを失敗しているし、どちらにしろ、良くなかったです。

去年の世界選手権は特にジャンプについて氷に合わせきれませんでした。それで跳べなかったのですが、今回、重要だと感じたのはスケーティングでした。どこに（重心を）乗せるべき氷なのか、スケーティングの技術をもっといろいろ、コーチのトレーシー（・ウィルソン）から吸収しなければならないと痛感しました。

――フリーのときは、リンクの氷がさらに溶けているような均一ではない状態でした。どのように対応したのですか？

演技中にも（重心を置く位置を）探している状況でした。エッジが氷に食い込むのですが、下に芯が残っているんです。やっかいな氷でした。だからパトリックはこの氷が嫌いだったのだと思います。エッジを倒せば倒すほど抜けるのですから。

――試合は皆、同じ条件なのですが、スケーティングの上手な選手ほど苦しみましたね。

それでも、あの氷でできるスケーティングが最終日に見つかったんです。だから、エキシビションは良かったでしょ。（笑）

チーム羽生

――羽生選手はもう21歳、普通ならば自立する年齢ですが、競技のときはチームで活動していますね。

チームにはいつも感謝の気持ちでいっぱいです。今回の世界選手権で何より嬉しかったのは、フリーでけっこうボロったわけですが、チームの人たちが親身になって慰めてくださった。あれだけ親身になってくれるのは、なかなかないと思いました。このチームに僕はついていけると思いました。もちろん、家族もすごく慰めてくれました。試合に勝ったとき以上に丁寧に扱ってくれました。（大笑）

試合に勝ったら、いつも「良かったね」で終わります。だってそれ以上言わなくても、他の皆が良かったねと言ってくれるのですから。今回、いろいろな意味でつらく、ただ悔しいとか、精神的に苦しいだけでなく、喪失感まで抱いてしまいました。世界選手権は決してはずさないぞと集中して練習をし、一生懸命自分の思っているプランに沿ってやりきってきた。だからこそ、頑張ったとか努力したとかでなく、やりきったからこその喪失感がすごくありました。

そのときに親身に自分の話を聞いてくれて、自分の気持ちを優しく包むだけではなく、しっかりサポートしてくれたチームの体制はすごく嬉しいなと思いました。この恵まれた環境の中で（金メダルを）取れなかった悔しさはあるけれども、やはり、今回の試合によって「あっ、やっぱチームってすごく大事だな」と。チームがまとまるからこそできるのだなと思いました。

もちろん、一人の成人男性としてもっと自立しなさい、しっかりしなさい、もっと自分のことは自分でやりなさいと思う自分自身もいます。でも、実際のところ、自立ができてきているなと感じています。選手としてどうあるべきかは選手それぞれに違うと思います。たとえば、ハビエル・フェルナンデス選手に対して周りで全部やってあげることは彼にとってはおせっかいになります。でも僕はサポートしてもらうことによってここまでやってくることができたのですから。

それに、今のチームには愛情を感じるのです。選手として見てくれている以上に、羽生結弦を大事にしてくれています。あのとき、負けた羽生結弦がいるのですが、その奥にスケーターとしてだけでない一つの人格を持つ羽生結弦がいて、それもちゃんと大事にしてくれているというのを強く感じました。勝ったときも負けたときもそうです。こういうチームが大事だと思いましたし、すごくありがたいと思いました。悲しいし苦しいし、つらいけれども、チームのおかげで今シーズンやりきれたと、そして、また頑張ろうって、今、思えています。

そのおかげで、最終日のエキシビションは気持ちを込めて滑れました。いつもだったら、エキシビションの練習のときは、あれやりたい、これやりたいって全部やってしまいます。でも今回は、このエキシビションのために何を練習したらいいのかを考えました。また足のメンテナンスで2ヶ月間は滑れないから、やりたいことをできる範囲で全部やろうと思ってやりました。

もうフリーやショートがどうのこうのじゃなくて、次に気持ちが向いています。応援してくださる皆さんとチームのおかげです。

5

怒濤のシーズンを終えて

悔しい銀メダルで15〜16年シーズンは幕を閉じた。しかし、戦い終えた直後にも関わらず、羽生選手の口から翌シーズンへの思いが次々に飛び出してきた。世界最高得点を打ち立て、自らを進化させてくれたショートプログラムの『バラード第1番』とフリーの『SEIMEI』を経て、次はどんなプログラムを演じるのか。新しい4回転ジャンプへの挑戦は。「銀」の悔しさをバネに、改めて「勝ちたい」との思いを胸に刻み、さらなる飛躍を誓った。

五輪の前に経験できた

――今回の世界選手権では世界最高得点やノーミスの演技を期待されたと思います。結果に関して、その影響はありましたか？

緊張につながるといえばつながりますが、それよりも自分の中で、自分の記録や自分の演技につきあっていく、そういうものがちょっとうまくいっていなかったのかなと思いました。

――フリーは珍しい滑走順でしたね。

たぶん一番の敗因は、２番滑走に自分が対応しきれなかった点だと思います。演技に入る前も不安感が非常に大きかった。

グランプリシリーズと違って五輪にもドローはあるし、本当にいい経験をさせていただきました。経験というものは、大きな舞台であればあるほど大きな自信になるし、大きな糧になります。今回、世界選手権という大きなもの、それがとれなかった悔しさはありますが、これが五輪でなくて良かった。五輪の前に経験できて良かったという気持ちがあります。

『SEIMEI』から学んだもの

――今季、『SEIMEI』を演じてきて何を学びましたか？

表現ということに対して、今までは独学で追求してきました。たとえば、『ホワイト・レジェンド』（2010～11年のショートプログラム）や、『オペラ座の怪人』（14～15年のフリースケーティング）をやるにあたって、所作や姿勢、手の使い方など、いろいろ参考にして学んできました。『SEIMEI』では今まで以上に表現の深さ、表現というものの考え方を野村萬斎さんはじめ、話をさせていただいた方々のおかげで学びました。何かを観るときも、この人は何を表現したいのか、こういう世界ではどういう表現があるのかなど、すごく考えて演技を作り上げてきました。『SEIMEI』は記録を作れたプログラムでもあり、いろいろな経験をさせていただいたプログラムであるとともに、表現というものに関して深く考えるきっかけを与えてくれたプログラムになりました。

――来シーズンはどんなプログラムに挑戦したいと考えていますか？

たぶん皆さんは『SEIMEI』の後、そして『バラード第1番』の後に何を出してくるのかとすごく期待していらっしゃると思います。僕自身もどういったものを表現できるか、楽しみにしながら作っていけたらと思います。

――やってみたいジャンルはありますか？

たくさんあります。それが競技用プログラムに通用するか難しいところですし、やりたいと思っても自分に合うのか、それも難しいところ。その点に関しては、『バラード第1番』も初めていただいたときはプログラムとしてどう解釈していいのかわからず、作曲の背景、ショパンのいろいろな思い、曲に付随する物語もたくさんあって試行錯誤しました。でも、まずは最初にこのプログラムの旋律で踊ろう、旋律の上に乗って滑っていこうと思い、次に、自分からその音が出ているようにしようと考えてきました。

今回、『SEIMEI』を与えていただいて、『バラード第1番』ではどういうものを表現すべきか、自分がどういうものを出せばいいのかと考えながら最終的にここまで滑ることができました。だからどんなプログラムをいただき、どんなプログラムをやりたいと思っても、羽生結弦らしい、羽生結弦が表現したい物語だったり、世界観であったり、（萬斎さんに感化されていますが）学んだ一つひとつの型を大切にできたらと思います。

――『SEIMEI』による相乗効果ということですね。

そうですね。さっきも言ったとおり『SEIMEI』からはたくさんのものを与えていただき、皆さんに記憶していただいた。そして歴史として記録できたプログラムでもあったけれども、それ以上に自分が進化するきっかけになったプログラムだと思います。

来シーズンのこと

――技術的なところでは4回転ループは来季のプログラムに入りますか?

やりたいですね。ループをやりたいですけど、まだそこはわからないです。自分が実際に来シーズンまでにどこまで仕上げきるかというと、今はなんとも言えない。もちろん難度は上げますが、どういうふうに上げるかということはオフシーズンの間にいろいろなものを試してみて、自分ができる最大限のことをやりたいと思っています。

――今回、悔しかった4回転サルコウ、4回転トウループは継続しますか?

もちろん、やってみたいと思っています。自分ができる最高の難度を考えて、それプラス、4回転サルコウを後半にする、4回転トウループを後半にする、もしかしたら4回転ループを後半にするとか……ありえないけど。(笑) 結局、4回転サルコウと4回転トウループは練習をこなしてきて、確率も上がって音とも合ったからと解釈して変えました。実際にこれから作るプログラムによっては、4回転サルコウのほうが音に合うよねとか、4回転トウループのほうが音に合うよね、もしかしたら後半の最初はトリプルアクセルのほうが音に合うよねとか、3回転ループのほうが、あるいは3回転ルッツのほうが……と、いろいろな選択の幅があるから、難度だけでなく、プログラムに付随して技術、ジャンプが入っていけるようなものにしていけたらと思います。もう来シーズンのことばかり考えています。

パトリック・チャンの存在

――以前、パトリック・チャン選手に勝つためにジャンプを磨いた、とおっしゃっていました。今度はパトリック・チャン選手が４回転とトリプルアクセルを増やし、高難度のプログラムに挑戦しました。お互いに進化していますね。

パトリックがあれだけ苦手意識を持っているトリプルアクセルを、３位という順位にかかわらずリスクをおかしてまでやろうとした。また、４回転を２本やろうと挑戦してきたということは、明らかに今までの彼とは違ってきていると思います。

これは消極的な考えで僕は絶対にやらないですけれど、もしかしたら、ショートで１１０点をいただいているから、「じゃあ、後半に４回転を入れないで３回転ルッツにして、うまくまとめていたら勝てましたよね」って、言われるかもしれない。

それはもちろんわかっていますし、もちろん、それでも実際４回転サルコウと３回転ルッツの点数を計算してみれば、たぶん勝てた点数差だったと思うんですよ。ジャンプを失敗しなければ、もっと他も良くなるし。けれど、それでも当初の構成どおりにやったのは、やはり、僕が彼から学んできたスケーティングや表現面で勝つためにジャンプを磨き続けてきたことが大切だと感じたからです。ジャンプの前後のつなぎなどの質を高めるきっかけになったのも、パトリック・チャン選手の大きな存在があるからなんです。

だから、自分自身が彼の構成を変えるぐらいの存在になれたことが嬉しいし、またプログラムの難度を上げる挑戦を皆がやっているからこそ、自分自身がもっと強くなりたいと強く思っています。

——今シーズンはすごいシーズンでしたね？

そうですね、怒濤《どとう》のシーズンだったと思います。

ただ最終的には、このシーズンの集大成である世界選手権で銀メダルであったことは事実です。皆さんは完璧な演技を観たかったと思いますし、もっといい結果も見たかったと思います。もちろん、ファンの方々を含め周りの方々がすごく悔しいというのは自分も感じています。

2位でも誇りに思っていいんだよと言われることがありますが、やはり1位をとりたい。この競技をやるにあたって、表現などについていろいろ考えるようになりましたが、自分のこの性格の根源にある「勝ちたいという気持ち」は変わらないです。「来年こそ」というのは今年のトラウマもあるから言わないけれど（笑）、全部、勝っていくつもりです。

もっと勝ち続けられるように進化できる可能性が見えたから、もっとスケートを楽しんでやっていけたらいいと思います。

ニチレイ
LOTTE
JSF

Canon

–2017

シーズン概況

平昌五輪プレシーズンとなる16～17年シーズンは、男子に「４回転新時代」が到来した。ソチ五輪では、ほとんどの選手がトウループとサルコウの２種類しか跳ばなかったが、今季からシニアのグランプリシリーズにデビューしたネーサン・チェン（アメリカ）をはじめ、宇野昌磨やボーヤン・ジン（中国）ら若手は、ルッツやフリップなど難しい４回転を武器に、先を行く羽生や、ハビエル・フェルナンデス（スペイン）の背中を追い掛けてきた。

追われる立場の羽生は、前季に負った「左足リスフラン関節靱帯損傷」が全治２ヶ月と診断され、オフシーズンは治療とリハビリに追われ、慌ただしくシーズンに突入した。

新プログラムは、ショートプログラムがプリンス作曲の『Let's Go Crazy』、フリーは久石譲作曲の２曲を組み合わせた『Hope & Legacy』を選んだ。技術的には、世界で成功者のいない４回転ループを新たに組み込み、ショートプログラムで２本、フリーで４本、計６本の４回転ジャンプを跳ぶ高難度の構成に挑んだ。

シーズン初戦の９月、オータムクラシックで、４回転ループをＩＳＵ公認大会で史上初めて成功させて優勝。続くグランプリシリーズ初戦となった10月のスケートカナダは、またもパトリック・チャン（カナダ）に次ぐ２位に終わったが、11月のＮＨＫ杯は300点超の高得点で優勝した。２位には４回転ジャンプを武器にする米国の新鋭、チェンが入った。12月のグランプリファイナルでは、男女通じて初の４連覇を達成した。２位にチェン、３位に宇野と若手の猛追を受けたが、羽生は総合力の高さでトップを守った。

次戦に予定した12月の全日本選手権は５連覇がかかっていたが、インフルエンザと咽頭炎を発症し、無念の欠場となった。復帰戦の２月の四大陸選手権は、18年２月の平昌五輪と同じ会場でのテスト大会として行われた。羽生はショートプログラムで出遅れたが、フリーは４回転４本を成功させ、チェンに僅差の２位と追い上げた。

17年３月の世界選手権は、フリーで４回転４本を含むすべてのジャンプをミスなく決める会心の演技で、自らの世界最高得点を塗り替える223・20点をマーク。ショートプログラム５位から逆転し、３年ぶり２度目の世界王者に返り咲いた。（敬称略）

2016–

6

進化の予兆
――2ヶ月の空白から学んだこと

予想外に長引いた左足甲のケガを経て、五輪プレシーズン開幕が迫ってきた。16年夏に行われたインタビューでは、前シーズン中から痛めていた左足の状況を明かし、オフシーズンのリハビリを経て復帰を目指す苦しい道のりを振り返る。新シーズンからは、新たな4回転ジャンプとして、世界でまだ誰も成功していないループを組み込む事を宣言。ショート、フリーともに一新したプログラムに込めた思いや、目指す演技についても存分に語る。

世界選手権終了後から練習開始まで

――世界選手権が終わってトロントに帰ってから、どんな過ごし方をしていたのでしょうか？

とにかく安静にしていました。歩いてはいけなかったので、外にはまったく出ていませんでした。ひたすら勉強かな。（笑）ほかにはゲームをしたり、音楽を聴いたり。

――安静中は、どんな気持ちで過ごしていましたか？

早く動きたかった。とにかくスケートをやりたい、やりたいという気持ちでした。

――落ち込むということはなかったですか？

やはり、へこんでいました。最初の2週間から3週間ぐらい、まったく身体を動かしていなかったので、筋肉が落ちていくのがわかるし、脂肪がついていくのもわかるので、すごく落ち込みました。

――落ち込んだ一番の理由は、やはり世界選手権で絶対にとれるはずだったメダルがとれなかったことでしょうか？

それは本当にそうでした。試合後の2週間くらい、毎晩、毎晩、試合の夢ばかり見ていました。夢の中で毎回試合に負けるんです。でもどのような演技をしたかは覚えていない。それでも、毎回負けて、バンケットに出て、ホテルの部屋に帰って泣いている。そんな夢をずっと見ていました。

――周りのスタッフも同じ思いを抱いていたと思います。もちろん、羽生選手がもっともつらかったとは思

いますが……。

ショートでリードしていた試合でしたから。練習でできていたことができなかったからこその悔しさで、去年の悔しさとは質が違いました。

去年はある程度練習していたけれど、どこかに練習しきれていない感覚があって、そこで失敗したことに悔しさがあった。今回は、練習しきっていたのに、それなのにここでミスする？　みたいな感じの悔しさでした。実際は足も痛めていたし、練習を再開した時期も遅かったけれど、たくさん練習したおかげで、毎日ノーミスで演技できるようになっていました。だからこそ、試合でうまく滑れなかった悔しさがありました。

――そんなはずではなかった、という感じですか？

それよりも、喪失感がありました。

――昨シーズンからの左足甲の痛みは、いつごろから感じていたのですか？

スケートカナダの前からです。オータムクラシック（２０１５年10月）で後半に入れた4回転が跳べなかったので、そこをやっきになって練習しました。そのときからです。そこから足の状態がおかしくなりました。

世界選手権が終わってから、結果として2ヶ月ほど休まなくてはなりませんでしたが、エキシビションの日は、これが人生で最後のスケートになるんだというような覚悟で滑りました。

今季中にちゃんとケガを治しておかないと、来シーズンにすごく響く。実際には（今も）しっかりと治っているわけではないけれど、できるだけ良くなるように努力しています。

――今季は試合に出ずに、足を治すことに専念しようということも考えましたか？

それも考えなくはありませんでした。練習を開始して1ヶ月後くらいに、あまりにもジャンプが跳べなくて、これは今季に間に合わないと思ったんです。振付けも間に合っていないし、滑り込みも足りなすぎだし。でも、そのときに一番思ったのは、1シーズンを休むデメリットのことでした。

――長く休むと試合感覚の維持が難しいですね？

そうなんです。今まで見てきて、1シーズン休養した選手は復帰した後で大変そうだったから、それは絶対にいやだなと思いました。

6月、練習開始

――安静の時期から、少しずつ練習をしてもいいと医師に言われて、再開したときの身体の状況はどうでしたか？

思った以上に身体が動かなかったですね。2ヶ月間まったく滑らなかったのだから大きな影響がありました。もちろん、ジャンプはある程度陸上で練習することもできるのですが、でも陸上の感覚と氷上の感覚とは違うんですよね。

――焦りましたか？

かなり焦りました。6月の初めごろは、スケートすらできていなかったから、その時期は特に焦っていました。氷に乗ってジャンプの練習をすることができず、その後、ジャンプをいざ練習してみたらぜんぜん跳べなくて焦った。その頃は気持ちがぐらぐらしていましたね。

――そんなときは何を意識していましたか？

身体的には自分が思っている動きができなくて、身体に変な負担がかかり、筋肉痛になりました。変なところが痛くなってしまいました。

一方、心の問題は、たまたまテレビで、ストレスがどこから来て、ストレスによって身体がどのように影響を受けるのかという内容の番組があって、偶然にも母校の早稲田大学の教授が出ていました。そこで、ストレスに関する本を読んだり、ネットで調べたりしたことで、気持ち自体はだんだん落ち着いていきました。

でも、最終的に回復するため何が一番大きかったかというと、今できることは何なのかを考えついたことです。そこにちゃんと心を持っていけたからこそ、今、ここまで回復できたんだと思います。

――いったん休んでからジャンプの練習を再開したときは、まず1回転から始めるのですか？

はい。

――全部の種類ですか？　アクセルも？

アクセルはできないから、ループの1回転というか、ただ上がるだけとかそんな感じの練習です。最初はループしかできなかった。ループのシングルを1日3回だけして終わりって感じでした。あー、こんなにも跳べないんだと思うぐらい跳べなかったです。やっぱりつらかったですよね。

でも、ジャンプがちゃんとできなかったからこそ、理論的に考える時間がたくさん持てて、そこで学んだことを生かしてちゃんとリンクで実践できるように、と考えるようになりました。

それでもまだ好不調の波が激しい状況でした。2ヶ月間もやっていなかったので、マイナスからのスタートですから、これまでできていたものができない。じゃあ、なんでできないのか？　あれが正しいのかな？　これが正しいのかな？　といろいろ考えすぎて、もう何が正しいのかわからない状況でした。

——ブライアン・オーサーコーチに聞いたら、そんなに心配することはないという話でしたが……。

（ジャンプを）降りていることは降りていましたが、跳べるときとそうでないときの差が激しかった。跳べている日は全部跳べる。でも、跳べない日は、身体の締まりもなくって、ジャンプを跳ぶときに身体を締めることができなかった。筋力の問題もあるのですが、最終的には技術と気持ちの問題です。だけど、技術がぜんぜん伴わなかった。

——身体が忘れてしまっていたのですか？

忘れているのではなくて、頭はちゃんと指令を出しているのに、身体がそのイメージ通りに動かない。それが一番きつかったです。

いろいろ研究して、理論を突き詰めて最終的にリンクに立っても、それができないからさらに研究する。その結果、解決法が出てくるけど、うまく滑りに反映できない。逆に何も考えないで、なんとなくぼんやりと滑っていたときに、ストンとできたりする。だから、今までやってきたことは正しいのか、正しくないのかわからなくなって、さらにへこむ。そうしたことの繰り返しだったと思います。

——毎日練習を続けていた中で、どんなきっかけで調子が戻ってきたのでしょう？

たぶん、がむしゃらに練習を続けていたら、またケガをしたりして、同じことの繰り返しだったと思います。実際には、（練習拠点にしている）クリケットクラブのコーチ陣からのアドバイスやサポートのおかげで調子を戻すことができました。

トレーシー・ウィルソンコーチも、僕の顔がどんどん険しくなっていくのを感じていて、結局、僕自身が身体を追い込んでいるのではなく、気持ちを追い込んでいるんだということを感じてくれていました。だから、トレーシーは気持ちの面で僕をすごく大事にしてくれていましたし、ジャンプの技術の問題もきれいに修正してくれたので、ようやく調子を戻すことができました。やはり、コーチの力が大きいですね。自分だけの視点で、自分の問題を突き詰めてしまうと自分でイメージできる範囲内でしか問題を解決できなくなるんです。だからこそいろいろな視点で見てもらうことが必要だと思っています。それがクリケットクラブの練習環境のいいところで、今回はそれがうまく生かされたと思っています。

——調子のいいときだけではなく、悪いときにこそ学ぶことがあるといいますね。

このまま1年間くらいジャンプが跳べない時期が続くんじゃないかと思いました。そのままスランプになるんじゃないかって悩みました。休み明けのスケートって、すごく難しい。ケガがあって、リハビリが終わって、リンクに復帰したそのシーズンってすごく難しい。滑り込みの不足であったり、体力のなさであったり、技術の低下であったり。たくさん問題があると思うのですが、今回は、ある意味では悪い影響を最小限にできたと思います。ケガは左足だったから、違うジャンプの練習ができたし、それが救いでした。ケガが右足だったら何もできなかった。たとえば右足だったらジャンプを降りるときの怖さということも感じたと思います。不幸中の幸いで、ケガが左足だったから、まだ神様には見放されていないと思えますよね。

――ケガを克服してシーズンを迎えたときに、順調に成績が上がり、技術を上げていけて、足の故障も無駄ではなかったと、そう思えたらいいですね。

ケガが治ったアスリートが、「休んでいた時間は無駄じゃなかった」とインタビュー等で答えているじゃないですか。この言葉は、成功した人は言えるけど、成功しなかった人は言えないと思います。正直に言うと、僕だって世界選手権前の3ヶ月間が無駄だったかと改めて考えると、完全に無駄だったと思ってしまうくらい、いやですから。これから五輪に向かっていく中で、もしも五輪で成功できたら、勝てなかった世界選手権の前の準備期間も無駄ではなかったと言えると思います。今はそのとき、そのとき、自分が無駄じゃないと思うこと、自分がこれをすべきだと思えることを、日々積み重ねていく。一分一秒、一日一善ではないですが、一つひとつ積み上げていって自信をつけることが大事だと思っています。

アップテンポな新プログラム

――今季のショートプログラムの曲名はなんですか?

ショートはプリンスの『Let's Go Crazy』という曲です。アップテンポな曲で、観ている方も楽しめる曲です。エキシビションのように楽しめるプログラムでありつつも、やはり競技用プログラムとしての難しさであったり、また内容の濃さであったりとか、そういうところも楽しんでいただけるものになっていると思います。

――振付けのジェフリー・バトルさんのショーナンバー『Uptown Funk』（by Mark Ronson feat. Bruno Mars）のように、羽生選手がアップビートの曲で滑るショートが、スケートの世界でオリジナルな位置づけになりそうですね？

こういう曲は好きなんですよ。プリンスを聴いたことはありませんでしたが、基本的に乗れる曲はアイスショーのオープニングやフィナーレでも使うじゃないですか。自分でも楽しいし、かっこよく見せたいし、音に合わせるのがすごく好きだし、性に合っていますね。ショートの要素（ジャンプやステップ、スピン）にとらわれているところはありますが、どんどん滑り込んでいって、心から楽しめる、自分が曲と一体になれるような感じのショートになればいいなと思います。

――冒頭、４回転ループを入れていますね。ジャンプの構成とステップのレベルについて、今季はどのようにしたいか決めていますか？

ループに関してはプログラムに入れているという感覚がだいぶ出てきたし、プログラムとしてのジャンプという感覚がだいぶついてきました。もちろん緊張したら失敗もあるけれども、緊張しているときにどういうジャンプになるかというのが、少しずつ見えてきています。

イーグルからループを跳ぶのが自分の中で特別かと言われたら、そういう感覚はないし、もちろん難しいことは難しいですけど、自分の感覚としてはイーグルから跳ぶことに意味があるのではなくて、イーグルから跳んでイーグルにいって、そこからステップにつながるというのがもっとも大きなことなので、そういう点ではやりがいがあるし、やっていて楽しいです。

――ステップのレベルアップに関してはどう考えていますか？

ステップのレベルは、毎年、毎年、基準が変わっていて、もちろん（レベルを）とりにくい、とりやすいもありますが、今回、本当に、ジェフとも絶対に（レベル）４をとろうねと話しながら作り上げたものです。加えて、すごくステップを踏んでいますという感じではなく、プログラムの流れで楽しんで滑っていますという感じです。そういう意味で、ステップをしっかり踏んでいるのですが、「ステップ入りました、レベル４とれるのか？」という感覚で観てほしいのではなく、むしろプログラムのパフォーマンスとして評価してもらいたいと思っています。

――エレメンツにしても最初に４回転ループを跳んで、４回転サルコウと３回転トウループのコンビネーションの後、アクセルですね。それだけでも以前より得点は増えています。さらにレベル４になったらまた得点が増える、今年も記録を更新する可能性がありますね？

もちろん、記録は更新したいし、それができるくらいの演技がしたいと思いますし、できる構成になっていると思います。このプログラムを自分が納得いくまでこなして、質を高めていったら最終的には記録につながると思います。でも、記録を狙うために質を上げたいと思っているわけではなくて、むしろそれはついてきてくれると思います。演技内容を詰めて詰めていって、羽生結弦はこういうプログラムもこんなにこなせるんだなと思われるくらい、こなしていきたいです。

――すごく楽しみですね！

一番ステップがいいですね、今回は。

――コスチュームの斬新さもありますね？

ちょっと冒険ですね。でも、僕が一番ドキドキするのは、4回転ループですよ！　たぶん、それが1、2回、（試合で）入ったら自信になると思うので、そこまで練習でもっていきたいと思っています。今でもアップを3分くらいでパパッとやって、ショートはノーミスでいけます。ショートへの自信を持ちつつ、フリーに向けてそれをちゃんと生かして、フリーももっと完成させなければいけないと思います。

心から笑顔で滑る

――フリースケーティングのプログラムですが、曲名とテーマを教えてください。

フリーは久石譲さんの『View of Silence』という曲と『Asian Dream Song』という曲を合わせて、題名を『Hope & Legacy』にしました。

フリーに関しては昨年の『バラード第1番』と同じ、ピアノという共通点があるし、そのうえで若干の日本的なメロディーラインがあり、自然にあるもの、風であったり木であったり、水であったり、そういった自然のものを表現したいと思っています。そういう意味では去年のエキシビションの『天と地のレクイエム』にもつながると思うので、フリーに関しては今までためてきたものを結集させて、さらにレベルアップしていこうというような意識があります。

――シェイ＝リーン・ボーンさんの振付けと聞いていますが、ご自分の意見も入っていますね？

最後のポーズはほとんど自分で決めました。（笑）

――シェイ＝リーンさんと一緒に作りながら、自分の個性をその曲で表現していく。どのように作っていくのですか？

この曲に関しては最初から、自分の中でのテーマがしっかり決まっていました。最初に考えていたテーマに合った曲を探したので、何を表現したいのかということは明確でした。

それに、もちろん自分が滑るプログラムではあるのですが、自分の感情だけを押しつけるような作品にはしたくないと思っています。

たとえば、振付けをしてもらっているときに、シェイ＝リーンがどういう動きをした、どういう振りを作ってくれた、どういう感情でやってくれたとか、言葉にしなくても伝わってくるものがあります。その伝わってくるものの真意は、本当にはわかるわけではないけれど、こういうふうに思ってやってくれているのかなとか、こういうふうな受け取り方なんだろうなとか、自分の中で感じ取ることがあります。それでもシェイ＝リーンが本当にそう思ってやっているかどうかはわからない。だから、こう感じてください、というものはありません。僕の中でテーマは明確に決まっていますが、言葉で概念化されていないというか、具体的なものではなく抽象的な、どのようにもとれるものです。

――身体の線で表現したり、視線で表現したりしていますね。

本当に繊細なプログラムです。

――アリーナ全体を、観客もジャッジも含めて、プログラムの持つ世界観に引き込まないとならないですね？

ピアノ曲だから、去年のような派手なところがないので、だからこそ、『天と地のレクイエム』ではないけど、自分の中から自然に表現されるものを大事にして演技できればいいと思います。

――曲に助けられるのではなくて、羽生選手の演技が曲を押し上げて、お互いに共存しているということですか？

ジュニアの最後の頃に思っていたことは、音が聞こえなくても音が聞こえるような演技がしたいということでした。でも、今では、それは独りよがりで押しつけがましい考え方だと思っています。音が聞こえなければそれはプログラムではありません。だから、音とユニゾンしているから、音と共演しているから、音があるからこそ感じ取れるものが絶対にあるので、そういうものを大事にしていける曲だと思います。

――作曲家との共演が演技の中でできて、さらに羽生選手らしさというふくらみが出てきたら素敵ですね。

いろいろなものを吸収できる曲だと思います。スケートには、しっかりとした芯が必要です。スケートってバレエでもないし、コンテンポラリーでもないし、ロックでもない。フィギュアスケートという独立したカテゴリーです。表現の仕方は様々だし、バレエをやっていなくても美しく滑る人がいるし、バレエをやっている人には、クラシカルな美しさがある。シェイ＝リーンはコンテンポラリーが好きらしいのですが、シェイ＝リーンならではの自由な動きや、どこから見ても美しいものがあります。いろいろな美しさだったり、表現の仕方だったり、様々な魅力があるスポーツだからこそ、いろいろなものを吸収してスケートに生かしたいと思います。

――氷、コスチュームと音、身体の動き。それらが一つになって30m×60mのリンクで滑る。羽生結弦という一人の人間が、皆に感動を与える滑りがこの曲の中にあると思います。

今回この曲を選んで良かったと思うのは、僕には珍しく笑顔で滑れる曲だということです。『天と地のレクイエム』もそうだけれど、心から笑顔を出せる曲です。僕はこれまで、真剣な顔をして苦しい表現をすることが多かったけど、今回は笑顔で滑れる部分がすごく好きです。

笑顔にはいろんな効用があります。演技を観てくれる皆さんにも影響を与えるけれど、自分にも効果があります。笑っただけでも心が豊かになります。自分をさらけ出して滑れるプログラムだなって。もちろん、今までもそうだったけど、たとえば『ＳＥＩＭＥＩ』に関して言えば、キャラクターが決まっていました。キャラクターが憑依《ひょうい》する、そのキャラクターに成りきる、みたいなところがありました。今回の曲は、テーマは絞ったけれど、それはタイトルとしてだけです。皆さんにはいろいろな視点から観てほしいし、ケガをして滑れなかった期間が長かったので、今、自分自身がスケートをやっていてすごく楽しい。スケートを滑っている感覚がものすごく感じられるプログラムです。

――スケートの美しさも出せるプログラムですね？

観やすいプログラムなんです。スケートには『ＳＥＩＭＥＩ』みたいな激しいプログラムもあれば、『バラード第１番』みたいなしっとりしたプログラムもあります。振付師次第で違ったものになるし、スケーター次第でまったく違うものにもなります。スケーティングの技術が際立つというか、観やすいプログラムです。自分もより気を配って、いろいろなところに感情や、意味、技術を織り込んで、隙のないプログラムにできればいいと思っています。

――フリーのジャンプはどんな構成ですか？

最初に４回転ループと４回転サルコウ、中盤に３回転フリップをやって、その後に４回転サルコウ＋３回転トウループのコンビネーションジャンプ、その後に４回転トウループの単発があって、そしてトリプルアクセルのコンビネーションが2回、最後は3回転ルッツ、という構成になっています。かなり挑戦的ではありますけれど、今シーズンを通して、こういう挑戦をしていくことによって得られるものは大きいと考えているので、しっかりやっていきたいと思います。

——まだまだ練習も必要だし、プログラムの手直しもあるようですが、どういう形で完成に持っていこうと考えていますか？

現段階での感覚ですが、まずジャンプは跳べて当たり前。それプラス、スケーティングでの表現や、スピンもステップもどこをとってもきれいだよね、どこをとっても伝わるものがあるよねと、そんなプログラムを目指しています。

シェイ＝リーンから、「ユヅルは表現や技術で気持ちを伝えることはできる。感情やスピリットを持っていることも伝わる。でも、表現の仕方が私の求めているものとはちょっと違う。それはユヅルができないからではなくて、やったことがないからだ」と言われました。シェイ＝リーンの動き、女性ならではの顔の動きを使っての表現や、肩や指の動きなど、そういうものを勉強する必要があるプログラムだと思います。

——どこを写真に切り取っても形がすべてきれいに映る、それを目指すのも新しい試みですね？

去年は去年で、違った表現方法が学べました。『ＳＥＩＭＥＩ』に関して野村萬斎さんと対談をして、身体の使い方うんぬんよりもどう意識を持っていくかみたいな考え方を学ぶことができました。今回は、身体の使い方をしっかり勉強しなくてはならないプログラムだから、バレエではなくてスケートの動きに関しての表現方法を勉強したいと思っています。

――昨シーズンの『SEIMEI』と『バラード第1番』はすごくいいコントラストだったと思います。スケートとして成功し、その結果、世界最高得点も出し、とてもいい組み合わせでしたね。世界選手権は惜しかったですが……。

調子が悪くてもパーフェクトでなければいけないというのが今の考えです。二度とあんな思いをしたくないし、どんな氷でも降りなければいけない。

ソルトレークシティ五輪の6点法（02年までの採点方法）のときは、転んだら終わりでした。どれだけ強い選手でも、やはり転んだら表彰台はない。そういう時代になりかけているからこそ、どんな体勢でもジャンプを降りなければいけません。どんなことになっても転んではいけない。で、しっかり決める。しかも質のいいものを。今は「跳べました」だけじゃだめですよね。

――加えてGOEで3の評価をもらうようにするわけですね？（※注　GOEはマイナス3～3の7段階で評価する）

ステップから跳びます、空中姿勢がきれいです、流れもいいです、降り方がきれいです、降り方も工夫しています。一つの要素にいろいろなものを詰め込まなくてはいけない。いろいろなテクニックがさらに入ってくるから、非常に難しい時代になっていると思います。

――羽生選手の場合は、GOEでプラス3がつかないといけないことと、5コンポーネンツ（構成点の基準となる五つの項目。スケート技術、要素のつなぎ、動作、身のこなし・振付け、曲の解釈）も10点かちょっと足りないくらいでやりぬかないと、羽生結弦と言えないというところまで来ていますよね。

そうですね、去年は『バラード第1番』に高い点数を出してもらったし、『SEIMEI』だってすごい評価をいただいたわけだし、だからこそ、今季の僕のプログラムへの期待は高いと思っています。フィギュアスケートのプログラムって、シリーズではなくまったく違うものとして作ることができるから、自分の中では今シーズンは今シーズンと割り切っています。その点でネガティブな考えはまったくありません。ただひたすら滑り込んで、滑り込んで、滑り込むことでにじみ出る何かがもっともっと出てくればいいいなと思います。

今シーズンの目指すところ

――万全の状態で迎えたシーズンではないと思いますが、焦りはありますか？

正直、あります。その焦りがあったからこそ、そのときそのときにできることを常に考えて、ここまで準備できたと思います。もちろん完璧ではありませんが、自分が今までやってきたことで後悔したことはないので、本当に前を向いてやりたいと思います。

――足はまだ完治していないようですが、練習しながら治療しつつ、今季はどうやって戦っていくつもりですか？

気持ちとしては特に変わったことはないです。毎シーズン進化しようと思っていますし、構成も毎年変わっています。もっと練習してうまくなりたい、もっと練習してコンスタントに跳びたいという気持ちでやっています。

――足りない部分は経験でカバーしながら演技しなくてはならないと思いますが、その点はどう考えていま

すか？

とにかくプログラムに慣れること、それが先決かなと思っています。

今季はもっと上のほうを目指したい。点数や評価だけではなくて、自分の能力を極めて、もっともっと上を目指していきたい。この曲も僕にとっては新しい挑戦だと思うから。

ショートの『バラード第1番』は2年間やっていたのですが、1年間で作り上げるものと2年間かけて作り上げるものとはまったく違います。それをもっと早く作り上げられるようにしたいと思っています。これまでは1年間かかったものを、2ヶ月か3ヶ月で作り上げられるようになったら、もっといろんなことに挑戦できます。そこに限界はないんです。とにかく、今回のプログラムでは滑り込みを大切にしたいと思っています。

——ジャンプは、種類や回転数を増やすだけでなく、より確実性が大事になってきますね？

今シーズンは、4回転の多様化っていうか、そういうのが時代の流れとして出てくるんじゃないかと思います。まさかショートとフリーで6本の4回転ジャンプを跳ぶ時代が来るとは思わなかったです。

もう3種類以上のジャンプを跳ぶ時代が来ていますよね。でも今回のプログラムで考えると、フリーで4回転を4本、アクセルを2本跳ぶというのは考えただけでもつらいです。このプログラムをコンスタントにパーフェクトでできるようになること、それが先決かなと思います。

KOSE
ニチレイ
LOTTE
MIZUNO

信用金
LOTTE
MIZUNO

OTT
信用金庫

7

グランプリファイナル4連覇
——各大会を振り返る

シーズン初戦となった9月のオータムクラシックでISU公認大会で史上初となる4回転ループに成功、上々のスタートを切ったかに見えた。しかし、ショートとフリーで4回転を計6本も組み込む高難度プログラムは、そう簡単に攻略できない。2位に終わった10月のスケートカナダ、優勝した11月のNHK杯、4連覇を果たした12月のグランプリファイナルと、シーズン前半戦を1試合ずつ振り返る。

グランプリシリーズスケートカナダ（10月、ミシサガ）
総合2位　263・06点　SP4位　79・65点　FS1位　183・41点

いい練習ができて、自信がついています

――羽生選手にとっての今季のグランプリシリーズ初戦はスケートカナダでした。前回と同様に今回もパトリック・チャン選手との戦いでしたね。

今回も負けてしまいました。スケートカナダの銀メダル3個はベッドサイドに置いてあります。

（※注　2013年、15年のスケートカナダでもパトリック・チャン選手が優勝し、羽生選手が2位になった）

――毎日見て、闘争心を燃やしているのですね。今季の新しいショートプログラムですが、どんな気持ちで滑りましたか？

今回はノーミスでできると思っていました。フリーよりも不安がなかったし、自信を持っていたプログラムではあったのですが、でもミスをしてしまいました。その原因はわかっているし、ノーミスで滑るには練習するしかないと思います。

――ショート、フリーの冒頭での4回転ループについては、ご自身ではどう思っていますか？

自分ではまだできると思っています。この前のオータムクラシック（9～10月、カナダ・ピエールフォン）でのジャンプは、ショートもフリーもランディングがきれいじゃなかった。今回もランディングの完成度がまだまだです。結局、4回転ループは、やはり技術的な問題のほうが大きいですね。注意すべきところがまだ定まっていない、そこが一番大きな問題点だと思うので、技術を高めていって、そのうえでランスルー（通し練習）をしていけば、ものになると思っています。

――それと同時に4回転サルコウもあり、エッジ系の4回転ジャンプが二つありますね。

プログラムを作ってもらうときに一番気になったのは、ショートでのジャンプが、すべてエッジ系だということでした。エッジ系の軌道だけでの演技になると、どうしてもすべて普通のカーブでやるのと同じにしか見えないから、それを変えるためにサルコウを横にいったり、カウンターでアクセルを跳んだり、そういった工夫をすることでアクセントをつけることができたと思います。また、サルコウももっと安定して跳べるようになると思います。実際に今では90％ミスなく跳べます。ジャージを着ていても、何をしていても跳べます。それを曲に乗って、緊張する本番で、どれだけ跳べるかが課題だと思っています。

――ショートプログラムでは、最初の4回転ループが跳べたら、後の要素はスムーズに運びそうですか？

このプログラムには、たくさんの要素が詰まっています。サルコウ＋トウループがしっかりとしたタイミングで跳べないと音にはまらないし、ループが跳べないとやはり曲に合わないんです。今回はジャンプでリズムが狂っちゃって、ループ、サルコウ、どっちもダメになってしまいました。ジャンプだけでなく、どこか一つが崩れると、プログラムのパーツすべてがバラバラに崩れていくのです。

そういう意味では難しいプログラムだと思うし、その分見応えがあると思います。でも、やはりプログラムを引き立てるには、ジャンプをきれいに跳ばないと話にならない。スケーティングスキルや表現もとても大事だと思いますが、でもその前にジャンプが跳べないとプログラムとして成り立たないんだというのが、今の率直な思いです。

今回、ブライアン（・オーサーコーチ）に、「表現がなっていない」と指摘されましたが、それはジャンプに余裕がないだけであって、余裕が出てきたらもう少し変わってくると思います。『ＳＥＩＭＥＩ』のときも『バラード第1番』のときもそうだった。余裕がなく、めいっぱいの状態なので、まずはジャンプを確実にまとめあげる力をつけてから、表現を磨いていかないといけないと思っています。

――観客を引き込んだり、乗せたりという面では、ショートプログラムはいい曲ですね。

今までの自分の競技用プログラムの中では一番乗りやすいし、有名な曲だから、観客も馴染みやすいですね。だからこその難しさがある。馴染みやすいし、曲がすごく自分を盛り立ててくれる。だけど、アイスショーじゃないから、しっかりジャンプを入れていかないといけない。でも逆に言えば、ジャンプさえ跳べれば、絶対にいいプログラムになると思っています。

――４回転ジャンプは、フリーで４本、ショートで２本と合計６本です。昨シーズンよりも多いですね。今季のフリーでは、まだすべてのジャンプを成功させていませんが、ＮＨＫ杯に向けてのトレーニングは、どのように進めていきますか？

４回転ループに関しては、まだまだ自分の中で完璧に降りたと思えるときがないので、さらに突き詰めて、着氷できる範囲を広げていくのがまずは大事だと思います。ループでつまずかなければ、気持ち良く後半が滑れると思うし、その後半に関しては、今の練習法が自分の中では正しいと思っています。

――どのような練習ですか？

通し練習です。オータムクラシックからいろいろやってみて、もちろん追い込み切れなかった時期もありましたが、今回はオータムでの後半とは明らかに感覚が変わっていました。その延長線上で4回転二つは跳べるかなと思っています。4回転サルコウと4回転トウループに関しては、技術面ではほとんど問題ないと思っています。普通の条件であれば、むしろちょっとしたマイナスがあっても、ほとんど着氷できます。さらに4回転ループの確率、精度、質を上げていきます。後半のトウループにしても、まだきれいにスパーンと降りているわけではないですが、しっかりとランディングができました。最初のサルコウが特にそうですが、何よりも全部のジャンプで着氷して（エッジが）流れるようにできたことから、やっと、自分なりのジャンプがプログラムの中でできるようになってきたのかなと思いました。ショートのトリプルアクセルも、やっとつまらない降り方になって、プログラムの中でストーンと流れるように跳ぶことができるようになってきました。

――一歩、前進した感じですか？

そう思えるようになったのは、エキシビションナンバーの『ノッテ・ステラータ（星降る夜）』を滑って、スケーティングの大事さやジャンプがどれだけ演技に影響するかを改めて考えることができたからだと思います。ほぼスケーティングだけのプログラムですが、トレーシー（・ウィルソン）コーチがすごく誉めてくれて、このスケーティングでいいんだという自信がつき、そのおかげでフリーもショートもともに、ちょっとずつ自分なりのスケートが考えられるようになったのかなと思います。

――具体的にどんな点が変わってきましたか？

確実に間が取れるようになりましたね。1回1回氷を蹴って終わりではなくて、蹴った後のフリーレッグの戻し方とか、スケーティングレッグの流れ方とか、そういうものがすごく意識できるようになりました。

エキシビションは、かなりスケーティング要素の強い演目で、その練習をさせてもらっていますし、これがオフシーズンにできていたらもっともっと早く仕上がったかもしれないです。でも、本当に毎回いい練習ができて、自信がついています。

グランプリシリーズNHK杯（11月、札幌）
総合1位　301・47点　SP1位　103・89点（シーズンベスト）　FS1位　197・58点

手の使い方次第で、スピンの速度も変えられる

――NHK杯に向けての練習のポイントはどこですか？

まずジャンプを直さなきゃいけないという課題があったので、シェイ＝リーンさんにブラッシュアップしてもらいながら、ジャンプとスケーティングのコネクションに注意して、スケーティングもジ

ャンプの一部として、逆に言えばスケーティングの一部としてジャンプが入るように心がけて練習してきました。

——ジャンプの前後のトランジションをさらに磨いたのですね。

スケートカナダからNHK杯までの2週間に、そんなにトランジションを入れる予定はなかったんですよ。とりあえず後半の4回転サルコウの前はなんとかしなきゃいけないねと話していて、そのサルコウの前にちょっと入れて。あそこはほとんどクロスがないんです。正面に向かってポーズした後、クロス2本が入って、その後、ストップしてスリーターンバックスリーのモホーク、後ろを向いてスリーターンして、クロスを1本しか入れてないです。

その一つひとつのスケーティングはすごく注意してやらされましたし、それに加えて、クロスが長くない分集中できるから、サルコウにいい影響があったと思いました。振付けて次の日にはすぐに跳べましたから。

——ショートプログラムではシーズンベストが出ましたね。今季初の100点台の演技でした。

ショートはもうちょっと余裕を持ってできるはずなんです。それがまだできていないのは、たぶん、勢いだけでやりきろうとするところがあるからだと思います。今回、体力的にも余裕があったし、精神的にもいい状態だったから勢いでやりきれました。でも、できないときもあるので、そのコントロールの仕方を覚える必要があると思います。それはグランプリファイナルまでにできることだと思います。

——スピンのときに手のポーズをつけましたね？

もうちょっと手を伸ばせば良かったかな。

——あの振付けはどうして？

シットスピンでプラスの出来栄え点がとれないのは自分の中で屈辱でした。ルールブックにもあるように、明確に音に合っている動作は絶対にプラス要素になり、その質が高ければ高いほど評価は高くなります。スピンのスピードが速いから、音に合わせられるように少しずつ練習しました。僕の中では、あそこのシーンの曲の印象ってプリンスが叫んでいるイメージしかなかったんです。叫んでいるパートだからビートを入れなかった。最初は（しっくりとこなくて）気持ち悪いかなと思いましたが、意外に合っていましたね。

——新鮮味がありました。

ただ、手がどうしても足と同化しちゃうから、（審判や観客の方には）見えづらいかもしれません。

——動きがすごく違うからわかると思いますが。

『バラード第1番』のときは、間が取りやすく、手を大きく使えました。今回のプログラムは、手を大きく使う時間がないんです。最後のステップにけっこう時間を取っているので、つなぎにほとんど時間が取れない状態で、アクセルをはずしたらスピンも跳べないんです。

スケートカナダもオータムクラシックもそうだったけれど、ジャンプをミスしたら、フライングキャメル（スピン）のレベル4も時間的に厳しいんです。それくらいぎゅうぎゅう詰めで、完璧に曲にはまらないと、完璧に演じられないプログラムだから、あのくらいの手の使い方しかできないです。でも、引き出しはいっぱいあるので、たとえば昔ナタリア・ベステミアノワさん（※1）に教えてもらったこともあり、いろいろと考えてやりたいと思っています。スピンの手の動かし方は、自分の得意分野だし、何より好きなところなのでどんどんやっていけたらいいなと思います。

――いろいろ工夫して、さらに改良していくのですね。

そうですね、手の使い方次第で、スピンの速度も変えられるので、少しずつ緩急をつけて、ずっと速いビートの中で表現できたらもっといいものになると思います。そして、スピンが音に明確に合っていたり、ジャンプが音に明確に合っていたりしたら、何より見ていて気持ちいいと思います。ショートはかなり滑り込んで、音が聞こえない状態でも頭の中で音にはまるようになっているので、だいぶ身体になじんできたと思います。

滑っていて楽しいのが一番

――フリースケーティングについてですが、今回のＮＨＫ杯までの間で仕上がってきた部分と、まだ足りない部分はありますか？

フリーは滑っていて楽しいというのが一番かなと思います。何よりお客さんとコネクトしはじめたのは、自分の演技にとっても大きなステップですね。

――今季、足の治療もあってアイスショーに出演していませんね。ショーに出演することによってお客さんとの呼吸が合ってきたり、お客さんの反応に応じたりすることがありますが、今まではそれができていなかったのでしょうか？

エキシビションではそれができていたのですが、フリーではジャンプを決めるために集中しなきゃいけないので、できていませんでした。それが少しコネクトできてきたのはすごく大きいことだなと思っています。

――曲もジャンルとしては新しいトライですね?

王道のクラシックと言えばそうですが、ピアノがメインでその中に日本らしさもあるし、作曲家の久石譲さん独特の音の使い方もあります。そこに合わせていくのは、またまた違った感触でもありますね。

――アリーナの大きい空間で聞く感覚はどうですか?

今回使用している久石さんの『Asian Dream Song』は曲がメインではなく、歌がメインなので、あまり主張する曲ではありません。オーサーコーチとシェイ＝リーンさんには、僕の考えを話したのですが、今回のこのプログラムは僕が主人公ではありません。たとえば『SEIMEI』は僕が主人公だったので、すごく自分が浮き出る。曲のイメージがあってプログラムができていた。けれど、今回のプログラムで意図しているのは、久石さんの曲が前面に出すぎずアリーナ全体を包み込むような曲なので、自分の中では、その空間の一部として僕が存在するくらいの位置づけでやりたいのです。スケートのリンクの上にある風であったり、冷たさであったり、湿気とか、氷のしぶきとか、いろいろそういったものの一つひとつが自分や曲と融合して、それが最終的に演技となって出てくるのがベストだと思っています。

――でもスポーツだからやはりいろいろなスピンもある、ステップもある、そしてジャンプですね?

これもオーサーコーチに話をしましたが、ジャンプが跳べるから音にはまるわけだし、ジャンプが跳べなかったらその流れが途切れる。インタープリテーション（音楽の解釈）やスケーティングスキルでも点数が出ない。ノーミスに近い演技をすることが、今回のプログラムへの挑戦だし、4回転ループを入れて後半に2本の4回転を跳ぶことはもちろんきついですけれど、最低でも今回のNHK杯くらいの演技を続けるくらいでないと、これからやっていけないと思います。

4回転時代について

――今、若い選手がどんどん4回転を跳んでいますが、ループが確実になったらもう1本4回転を入れることを考えていますか？

もちろん4回転を跳ぶことは大事ですが、今もっとも感じているのは、4回転の質が大事なのではないだろうか、ということです。

――種類を増やすのではなくクオリティを高くして、出来栄え点や演技構成点に響く質の高さで勝負するということですか？

4回転、4回転と言っていますが、これまでは、最初に4回転トウループが入っていて、それを降りたら「ワーッ」と会場が盛り上がったし、成功したら優勝確定みたいな、そういう空気になる試合もたくさんありました。今、勝つためには後半に4回転トウループを入れなくては、となっています。でもよくよく考えてみると、絶対に入れなきゃならないジャンプってアクセルなんですよ。

――昔も今もそうですね。

旧ジャッジングシステムでもアクセルが跳べなければ点数は上がらなかったのですよね。なぜなら、アクセルは唯一前を向いて跳ぶジャンプであって、全ジャンプの中で、「ジャンプを跳びます」という構えがないんです。

――アクセルを跳べないとダメだというのは周知のことですね？

だから、僕自身も小学生の頃は、練習時間のほぼ8割をアクセルに費やしてきました。1時間の練習で45分間アクセルを練習していたんですよ。

――バッジテスト（技能検定）にも絶対にアクセルがありますね。

6級をとるときにダブルアクセルを跳びますからね。

――アクセルをきちんと跳べたら、ほかのものは多少できなくてもなんとかなると。アクセルは絶対必要だと言われています。

そう教育されてきました。

――だからこそ、後半にアクセルを2本跳んでいるんですね？

印象が深いんですよ。エキシビションの『ノッテ・ステラータ』のときもそうですが、僕はこれまで「ジャンプはつなぎだから」みたいなこと言ってきましたけれど、アクセルはそれがすごく出るジャンプだと思います。後ろ向きで跳ばないからこそ、前向きに跳ぶからこそのターン感が出ます。トウ系ジャンプは1回1回勢いが止まる。なるべく止まらないようにしていますが。アクセルは前に跳ぶからスピード感はステップやターンに近いものだと思います。

――アクセルの醍醐味はいつの時代にもありますね？

特別感がありますよね。話がもどりますが、４回転を何種類跳ぼうが、４回転の数を増やそうが、最終的にはアクセルをどれだけ確率よくきれいに跳びきれるかというのが、僕の中での一番の武器だと思います。最大の目標としても、しっかり持っておきたいところだと思います。たとえ、４回転アクセルをやったとしても、トリプルアクセル２本は必要ですからね。

――タチアナ・タラソワさんが選び、デビッド・ウィルソンさんが振付けた『ノッテ・ステラータ』は、スケーティングスキルを見せつつ、ジャンプは２本のアクセルだけです。羽生選手を表現する良いプログラムですね。

僕の今回のショートのジャンプは全部エッジ系ですし、エキシビションも結局アクセルだけでエッジ系です。もっとも自分らしいスケートを表現できるプログラムや、自分らしさを出せるジャンプをここまでのクオリティでできたので、今、すごく自信になっています。トウ系ジャンプはジャンプ感がすごくありますが、僕はやはりエッジ系ジャンプがきれいに跳べてこそだと思うんですよ。

――フィギュアスケートはエッジをどう使うかが、一番の課題ですが、そこにしっかり目をつけているのですね。

いえいえ、これは都築章一郎先生の受け売りです。ほんとうに都築先生が作り上げてくれました。

――都築先生の理想が完成したのですね？

（自分の考えで）自分らしくやらせていただいたので、ここまで成長できました。筋質や骨格や、いろいろなものがかみあってエッジ系が得意になったと思います。

――スケーティングは基本と言いますが。

スケーティングがうまくないとループは跳べないですから。

――スケーティングが上達するとジャンプの確率も上がってきますね。

安定します。スケートカナダ前は、ループの確率を上げなければいけなかったから、技術的なことをすごく考えていました。スケートカナダが終わってからＮＨＫ杯まではスケーティングとジャンプの一体感を出す段階にやっとたどりつけたと思いました。ここからですよ、ここからスケートとジャンプをくっつけて、最終的に、全部がちゃんとプログラムとして機能するようにしたいのです。ジャンプ跳べました、「わー！　すごい」ではなくて、ジャンプが跳べてスケーティングがあって、その後にジャンプがあってスピンがあってと、その流れが途切れないようにというのが一番ですね。

――グランプリファイナルまで後１週間ちょっと。どう調整していきますか？

何かを鍛えるとか、練習のようなものはしないで、ジャンプを跳ばなくていい日を作って、とにかく（身体と精神を）休ませます。スケーティングだけの日があったり、スピン中心の日があったりなど、少しずつ分けて調整の仕方を学んでいけばいいと思います。そうすれば、ソチ五輪のときもそうだったのですが、団体戦の後の個人戦につながるし、どうしても体調が崩れるところがあるので、まずそこの調整という部分が、今回の一番の目標かなと思っています。

グランプリシリーズファイナル（12月、フランス・マルセイユ）
総合1位　293・90点　SP1位　106・53点（シーズンベスト）　FS3位　187・37点

もっと強くならなければいけない

――フランス・マルセイユで開催されたファイナルですが、どんな印象でしたか？

氷の質がどうかな、と思いました。氷の質によって氷の質がぜんぜん違うので、それがどうなのかなと現地へ行く前に少し気になっていました。

――実際には、氷の状態はどうでしたか？

あまりいいとは言えなかったですね。整氷自体も良くないし、公式練習や試合のスケジュールのばらつきもすごくありました。

――確かにスケジュールは、きちんとしていなかったですね。

スケジュールがうまく入っていなかったり、整氷機が壊れていてリンクの氷がちょっと溶けていたり、波打っていたりといろいろでした。でも、まあ跳べなくはなかったかなという感じです。もっと苦戦するかなと思ったのですけど、そこまでは苦戦しなかったという印象があります。

――NHK杯、グランプリファイナル、全日本までほぼ3連戦。その中盤のグランプリファイナルでは自分の体力やコンディションをどのように調整しましたか？

体力にはけっこう余裕がありました。NHK杯が終わってファイナルまで気持ちも充実していたし、体力も充実していたし。だから安心はしていました。これは大丈夫だな、みたいな感じで。練習はしましたが、練習というよりもジャンプの調子を上げたり下げたり、といった程度にとどめていました。だから、体力、気力は十分でした。

――ショートプログラムは確実にできるというところまできていましたね。

ショートの確率は上がってきていました。フリーも良かったのですが、まだ試合でうまくはまらないですね。やはり場数が足りないのか、練習ではかなりの確率でノーミスの滑りができるようになってきましたけれど、試合ではまだ万全ではない。『ＳＥＩＭＥＩ』のときはもっと高い確率でノーミスの演技ができていました。

――それは後半の４回転ジャンプが難しいからですか？

後半の２本の４回転（４回転サルコウ、４回転トウループ）ですが、まだ慣れ切っていないですね。昨シーズンの世界選手権でもサルコウを後半に入れたんですが、まだはまっていないんですよ。それからずっと、後半に４回転を入れていますけれど、うまくはまりきっていないです。後半のサルコウがまだつかみきれていないという感じがします。トロントで練習していたときには、後半のサルコウのほうが４回転トウループより安定していたんですよ。むしろ、２本目のトウループのほうがはまらないことが多くて、身体を締める段階までいかない。パンクの確率が高かったんですが、試合になるとサルコウをミスして、トウループは跳べているのでその感覚がサルコウとトウループ、両方ともに出ればいいなと思っています。

――もう一つ気になったのは、今まで絶対に失敗しなかったアクセルですが……。

アクセルがはまっていないのは、かなり大きい課題ですね。アクセル、サルコウの点数はけっこう高い。あれを2戦連続でミスしているのが自分の気持ちの中で大きくて、そんなことじゃダメだと思っているんです。練習はかなりしています。

――リンクの一辺にジャンプが偏っているように思うのですが、流れでそうなるのですか？

僕はエッジ系が多いんです、だからそこに偏るのだと思います。トウ系にはルッツ、フリップ、トウがありますが、プログラムの中でトウ系のジャンプは少なくて、それぞれ1本ずつしか入っていません。それに引き換えエッジ系はループ、アクセル、アクセル、サルコウ、サルコウと、確実にエッジ系のほうが多いんですよ。

――この前の試合も全種類跳んでいるのですよね？

そうですね。

――最後のルッツは残念でしたが。

あれはルッツの前のスピードが完全に足りずに、クロスを1本抜かしました。それがなければ、問題なく跳べたと思っています。あそこで、クロスを1本抜いたのは曲に合わせたかったからです。ファイナル前に、どうしても曲に合わせたいと練習をしてきたので、そういう意味では体力不足という部分がありました。もっと練習を積んでいかなければいけない点でもあります。

――最後のルッツを跳んでいたら1番でしたね？

跳んでいたら、負けなかったと思います。

――勝つために、多少は音楽に合わなくてもジャンプを跳ぶ選択肢もありますね。

そうですね。普段は跳べているので、跳べると思ったんです。できればそこまで自分をもっていきたいですけれど。

――羽生選手にとっては難しくないかもしれませんが、（一般的に）４回転ループはすごく難しい、特にループは一番難しいジャンプと言われています。

ループは力で跳べないですから。抑えないといけない、失敗すると抜けるし。

――そういうところが難しいのですね。

フリーでは今のところ、スケートカナダ以外の試合では跳べています。まずはループをしっかり跳ぶことと、後半の確率を上げること。質が良くないところが多々あるので。トウループしかり。転ぶ、パンクするは論外だけど、アクセル、トウはもっと質を上げられると思います。年明けにトロントに戻るので、シェイ＝リーンに見てもらって、入り方などいろいろ変えます。

――最後になりましたが、４連覇、おめでとうございます。アイスダンスで５連覇したカップルがいるので、来年勝てばタイ記録となりますね。

４連覇はできたけど、今回の優勝は後味が悪いな、とすごく思っています。４連覇は４連覇として、と自分の中では言い聞かせています。

このところ、１年１年いろいろなことがあって、グランプリファイナルはとても大変でした。昨シーズンはＮＨＫ杯から続いた重圧に押しつぶされそうでしたし、その前は中国杯でぶつかってケガしてからのシーズン。その前のシーズンは初めて五輪前に出たグランプリファイナルでした。そのときの開催地は日本だったので、五輪に挑む力をもらえました。いずれも自信につながったグランプリファイナルだったけれど、どれもが大変だったなという思いを考えると、4連覇がとても重いものだと思うのと同時に、やはりフリー1位、ショート1位で優勝したかったと思いました。

今回だけじゃないかな、1位、1位でなかったのは。前回も、その前も、1位、1位でした。そういった意味で少し後味が悪いけれど、もっと強くならなければいけないなとすごく感じた4連覇でした。

※注1　カルガリー五輪アイスダンス金メダリスト。夫のイゴール・ボブリンさんと11～12年シーズンに羽生選手の振付けのブラッシュアップを担当

phy

8

勝利は理想の先に

16〜17年シーズンが幕を閉じた。1年後に迫る平昌五輪のプレ大会となった2月の四大陸選手権は、惜しくも2位に終わった。しかし、シーズンを締めくくる3月の世界選手権は、フリーで会心の演技を見せて世界最高得点を更新し、3年ぶり2度目の優勝を果たす。男子が「4回転新時代」を迎える中、並み居るライバルを抑えて王者に返り咲いた羽生選手が、来るべき五輪シーズンへの決意を語った。

最終戦を終えて

――今シーズンを振り返って、どのようなシーズンでしたか？

そうですね。ケガから始まったシーズンで、2ヶ月間何もできない日々がありました。多くの試合を戦い、最終戦となった国別対抗戦（4月、東京）ではうまくいかなかったところもありましたが、最後にはフリーをしっかりと完成させることができたと思っています。なんだかんだといっても、頑張ってきたなって自分では感じています。

――ショートについては、どこかで完成させたいという気持ちはありますか？

あります。ただ、昨シーズンの『バラード第1番』もそうでしたが、ノーミスの演技ができないプログラムというのは、練習ではできているのに試合ではどうしても〝成功イメージ〟が出てこなかったりもします。

四大陸選手権から世界選手権まで

――2月の四大陸選手権（韓国・江陵）の後、世界選手権（3月、フィンランド・ヘルシンキ）に向けてどのように準備したのですか？

一番意識したのは、練習の強度を上げなくてはいけないということでした。最初の1週間は練習の強度を上げて、クタクタになるくらいやりました。同時に、どうやってケガをせず、風邪をひかずに練習することができるかをもっとも優先して考えました。練習の効率がもっとも悪いのは、風邪をひいたり、ケガで練習ができなくなってしまうことなので、そこに関してはすごく注意を払ってきました。

――食事管理も厳格にやったのですか?

はい、食事管理もやりました。今までは体重のコントロールを気にしていなかったのですが、今回は自分でしっかり体重を量り、筋肉量や体脂肪率をチェックし、体調管理に注意しながら練習をしました。その結果、フリーでは体力がもったし、トレーニングの成果が出たと思いました。体調面ではいい感覚で現地入りできました。

――ショートプログラムはミスしてはいけない種目と言われています。ショートはジャンプが三つ、スピンが三つ、そしてステップという構成で、ちょっとでもミスした選手が下にいってしまいましたね。

特に今回の試合はその傾向が強かったですね。僕の場合、ジャンプのミスはミスなんですが、ジャンプの感覚自体は良かったのです。ただ、ランディングのタイミングがちょっとずれていたと思います。跳ぶ瞬間のことを考えすぎていて、ランディングまで考えがいかなかったのかなと思いました。本来は跳べたジャンプだったと思います。

――ミスが一つあり、ショートで5位という出だしでした。フリーの得点からいったら、羽生選手はトップに追いつけるだけの技量も、5コンポーネンツの点も持っていると思いますが、そのときにどのように考え

ていましたか？

ショートが終わってフリーまで1日空いて、まず考えたのは、皆のショートの出来からいうと、（フリーも）やはりノーミスの演技が続く試合になるだろうと予想していました。皆すごく自信を持って演技していましたし、僕以外は落ち着いていました。そういう意味でもフリーも手ごわいなと思っていました。フリーは加点の量が違うし、僕としては得意な分野なので、ノーミスならばある程度までは点数を伸ばせると思いました。一方で、皆がノーミスで質の高い演技をやってきた場合には、10点差というのがかなり重いぞと感じていました。たとえばハビエル（・フェルナンデス）が2連覇した去年の世界選手権で、あの時期のパーソナルベストは僕が圧倒的に高かったのだけれども、僕がミスし、そして彼がノーミスだった結果、ショートでの12点差がフリーでひっくり返されました。そういう状況にならないと10点差をひっくり返すのは難しいなと感じたので、不安はありました。でも、やるしかない、やれるだけのことはやろうと、その日はしっかりと集中していました。

――そんな僅差の戦いの中で、ショートのスタートが遅れたことで減点1（名前をコールされてから演技開始まで30秒を超えた）が科せられました。この1点がもしかしたら勝敗を分けるのではないかと思いましたが……。

それは僕も思いました。フリーが終わってからの話になってしまいますが、あの1点がすごく大きかったなあと感じながら、（演技が終わった上位3人が控える）グリーンルームで点数を見ていました。

フリーの戦い

――フリーですが、四大陸選手権のときに「静かな曲だから、自分の技術や自分の持っている表現力をしっかり出さないと点数が上がらない」と、周囲から言われたそうですね。世界選手権では昨シーズンの演目に戻すという考えはありましたか？

今から、たとえば『SEIMEI』に戻そうといって、昨年の構成そのままで4回転ループを入れずに4回転サルコウと4回転トウループでやったら、どんな状況でもノーミスの演技は確実にできると思うんですよ。どんなに疲れていても、移動した後でもできるくらい、そのくらい後半の4回転トウループは確実になっていたし、自信はありました。そういった意味で構成を戻すことは自分の中で考えなくはなかったのです。でも、四大陸選手権で今シーズンのプログラムがようやく形になってきていたし、4回転を4本跳ぶということがしっかりイメージできていました。これがいい自信になっていたんです。

――四大陸選手権後に「ジャンプを全部跳べればいい」と言っていたそうですが、フリーの完成に向けてはジャンプを跳ぶことを最優先したのでしょうか？

「ジャンプを跳べればいい」ということは、ただテクニカル面に頼るという意味ではないんです。これまでもずっと思っていましたが、ジャンプって演技の一部だし、ジャンプが途切れなければ、演技としてはまとまりがすごく良くなるんですよ。

――そして**ショート5位から総合1位となりました。特に良かったところはどんな点でしょうか？**

5位だったから、一つもミスをしたくなかったし、自分の中では挑戦する気持ちが強く前面に出たフリーでした。何より後半の4回転サルコウがちょうど安定しはじめた時期の試合だったので。もちろん、後半の4回転サルコウの調子がいい時期や悪い時期、4回転トウループがいい時期や4回転ループがすごくいい時期など波はあるんですけれど、今回、一番良かったのは、後半の4回転サルコウが良くなりつつある手応えのある時期がちょうど試合に重なったこと。そういう意味ではピーキングが成功しました。特に後半の4回転サルコウに自信があれば、後は一つひとつ集中してしっかり音を聞いて頑張ればノーミスでできると思っていたので、とりあえず冒頭の4回転ループと4回転サルコウを決めて波に乗ろうと集中していました。

――**考えたとおりに運んだのですね。最後の3回転ルッツはどう考えましたか？**

3回転ルッツはスピードが落ちなければ絶対に跳べるジャンプですし、それも練習でやってきていたから、妙に意識しすぎなければ問題ないジャンプです。前半は全部決まっていて、コレオ・ステップが終わってルッツに集中しようとするときに抜けたり、手をついてしまったり、そういう失敗を練習で経験していたので、いいルッツが跳べたときのイメージを一つひとつ組み合わせることができたんだと思います。最後まできれいに跳べていたときはどういう心境か、どういう感覚だったのか、そういうイメージが一つひとつ組み合わさったんじゃないかなと思います。

――**今までの中で一番いいフリーでしたね。**

そうですね。もちろん、2015年のグランプリファイナルでのフリーの質にくらべたらまだまだできることがあったと思います。アクセルはもっと質の高いジャンプが跳べていたし、ステップ、スピンももっと質のいいものだったと思うのですが、今の段階の最高の力はしっかり出し切れたと思いました。

――ヘルシンキのリンクは大きいですが、それに圧倒されることなく表現できました。それについてはどう思いますか？

静かな曲だから、会場が盛り上がるのは難しいと思うんです。PCS（演技構成点）の評価はいろいろな項目がありますが、スピードがあれば絶対にいいというものでもないし、スケーティングの評価が高い人がすごい点数が出るかというとそれだけではない。緩急も必要だし、重いスケートをすればいいかというとそうでもなく、軽いスケートもできなければならない。いろいろな項目があるからこそ、あのプログラムに対してあの評価をいただいたのかなと思います。

――ジャンプ以外にも、スピンもステップもレベル4をもらっていました。

ジャンプだけではなく、（ステップも）すごく練習をしていて、何より四大陸選手権でいろいろな手応えがあった中で、レベルを取りこぼしたものがけっこうありました。その落としたものをしっかりやれば他は（レベルを）取れているという自信があったので、そこを重点的に練習しました。音に合わせながら、どのテンポで、どの深さで踏んだらいいのかなとか、角度にしてもジャンプもステップも同じポイントがあり、チョクトウ（ステップ）にも踏みやすい角度、踏みやすい方向などいろいろあって。体幹の使い方も研究して、いろいろ練習しましたし、トレーシー・ウィルソンコーチにも教わりました。そういう練習の成果が出たのではないかなと思います。

――練習拠点のカナダのクリケットクラブにはスケーティングの先生、スピンの先生、ジャンプの先生がいますね。

スピンに関しても今回、練習する時間がありました。最後のコンビネーションスピンもトレーシーコーチから「(あなたは) すべて手の振りをつけてできるでしょ」と言われました。だから最後のスピン、足を換えた後、フライングチェンジした後のシットスピンも全部ちゃんと手の振りをつけて、すべて音の解釈をとってやれるように意識しました。ショートも同様で、ノーマルでスピンしているところはほとんどないようにしてきました。これは自分の特徴でもあるし、ロシアで学んできたことでもあるし、いろいろ経験してきたことが生きたなと思っています。

――今シーズンはショートでリズムの速い曲、フリーでは和のピアノ曲と、演技の幅が広がったと言われていますが、特にご自身で感じた収穫は何でしょう?

一種の挑戦でもあったと思うんですよね、静かな曲で4回転ジャンプを跳ばなければならないということは。4回転ってガツガツしているジャンプだけど、印象的に悪くはないんですよ。でも、流れがないジャンプになってしまうとどうしても、曲と調和しない。そういった意味で、ジェーソン・ブラウン選手のようにジャンプを一つひとつしっかりとまとめたほうがこの曲は美しいんですよ。ただその中でちゃんと4回転ループを含め、4回転を四つ入れて、後半にサルコウを2種類しっかり跳び分けることができたのは収穫だし、結局それを二つちゃんと入れたうえで曲を最後まで表現しきれたのは、これからの自分の人生にとって大きな財産ですね。

――世界選手権という大きな舞台でこれだけのフリーを滑れたことは、来年の五輪シーズンへ向けて、いい

兆しとなったのではないですか？

そうですね。多くの選手がショートでノーミスの演技を行い、フリーでも完璧な演技がありました。その中で、逆転優勝できたのは大きな自信になりました。だからこそもっと隙のないものにしていかなくてはならないし、その隙のないものが、最終的に自分のやりたい演技なので、それを目指してやりたいと思います。今回の世界選手権のフリーで感じたのは、「あー、自分のやっていることが間違いではなかったな」ということでしたね。

国別対抗戦2017を終えて

――国別対抗戦へ向けては、どのように調整しましたか？

しんどかったのは、しんどかったです。練習期間も短かったですし。世界選手権が終わってから考えていた課題よりも、国別が終わって感じた課題のほうが相当に難しいかな、と思っています。

――国別対抗戦でのショートの二つのミスについてどう分析していましたか？

かなり気負っていました。緊張しましたし、ここで決めなきゃという思いもあったし、今シーズンの間になんとかノーミスで演技をしたいという気持ちが先走っていた感じがします。自分自身でいやなイメージを持ってしまったんだろうなと感じています。頭ではわかっていて、それでもできていないのが現状です。でも、4回転サルコウ＋3回転トウループが後半で決まるようになり、手応えも感じているし、完成度が上がってきていると思います。あれだけ評価をいただけたサルコウを跳べるようになってきているので、それはそれで自信を持っていいと思います。サルコウは好きですしね。

――来シーズンには完成形を見たいですね。

今シーズンが終わって言えることは、国別対抗戦のショートで4回転ループと4回転サルコウのミスがありましたが、間違いなくサルコウは僕の武器だし、ループも僕の武器であると思います。現在、トウループに関してはかなり完成度が高くなってきて、より、自分のジャンプとして、研ぎ澄まされた自分の武器として使えるようになってきていると思うので、全部大事にしていきたいです。

今シーズンの4回転ジャンプについて

――今、3種類の4回転を跳んでいますが、国別対抗戦の公式練習で4回転ルッツを降りましたね。来シーズンは試合で使うつもりですか？

4回転ルッツはあまり考えていないです。

――国別対抗戦のフリーで4回転トウループ＋ループ＋3回転サルコウを跳んだことで、新しい道が見えてきましたか？

4回転トウループがアクセルみたいにコンスタントに入るようになっているので、それは確実に武器になっています。昨シーズン、『ＳＥＩＭＥＩ』で4回転トウループを後半に入れて安定して跳べるようになって自信になりました。その後、4回転サルコウにしたけれど、安定するまで時間がかかりました。それでもサルコウを練習したおかげで、4回転トウループが逆に安定してきました。去年もやっていて自信を持ってできるので、僕にとってはリカバリーに使える要素の一つかなと考えています。

――４回転ジャンプの種類を増やすという考え方もあるし、今持っているジャンプの組み合わせで得点を高くするという考え方もありますが、その点はどう考えますか？

四大陸でもそうでしたし、今回もやってみて感じましたが、今シーズン４回転サルコウで苦戦していたぶん、後半で４回転トウループを入れることは気持ちのうえで楽でした。僕の中でトウループは４回転としての難易度は簡単なほうでした。もう一つ収穫として思ったのは、後半の４回転トウループが前半で跳んだようなクオリティで跳べているので、そこは大きいですね。後半でもしっかり、手応えのある４回転トウループが跳べるようになってきているというのは大きな成果だと思います。

――ケガもあって４回転トウループはあまり練習をしなかったようですが、いろんな種類の４回転を跳んだおかげで、逆に４回転トウループが強化されたのでしょうか？

そうですね、逆に４回転トウループに自信がついたかもしれないです。少ない本数で練習しなければいけなかったし、トウループの本数を減らせば減らすほど一つひとつに集中するようになります。それに加えて、今シーズンでサルコウをトウループの前に入れていたからこそ、サルコウを失敗してしまったらトウループを「絶対跳ばなきゃ」って思うことが多くあったと感じています。だからこそ「絶対トウループだけは跳べる」という自信はついたと思います。

――シーズン当初は、オーサーコーチと考え方に違いがあったと聞きましたが、どう乗り越えたのでしょうか？

今シーズン、ループを入れるということをオーサーコーチと最初に話したときは、そんなに成功する確率も高くなく、ケガが治った直後でもあったので、「無茶なんじゃないか」と言われました。「4回転ループを入れるんだったら後半1本にしなさい」ということも言われました。両方とも同時に挑戦するのは難しかったと思います。特にショートに関してはステップから跳ばなければいけないし、ミスをしてはならないショートに冒頭から入れていくというのには相当な覚悟が必要でした。けれどふたを開けてみたらフリーでミスをしたのはスケートカナダだけなんです。ショートにはなかなか4回転ループは入らなかったけれども、オータムクラシックでは入っていたし、その後、四大陸選手権、世界選手権でもきれいに入ったし、サルコウを投入したシーズンよりも高い確率で跳べているので自信が持てました。

――その考えを貫けたモチベーションは？

モチベーションというか、「ここで逃げない、我慢し続ける」という気持ちは強く持ちました。昨シーズンの記憶は、自分にとって甘い蜜のようでした。あの構成であそこまでの点数が出て、皆それを追いかけるために構成を上げてきているっていう考えがありました。でも、我慢し続けるというか、本当にこのプログラムをノーミスで演じたいっていう気持ちだけでなんとか今シーズンをやりきりました。最終的にご褒美としてやっと結果が出たので、そういった意味では新たなモチベーションとなったのかと思っています。

――今シーズンを戦った中で、4回転ループは必要だったと思いますか？

タラレバだからなんとも言えませんが、今シーズンを最後まで戦ってみて、もしもショートで4回転ループは跳ばずに4回転トウループと4回転サルコウだけの構成にしていたら、たぶんもっと安定してノーミスの演技が続けられていたと思います。ですが、たとえショートで失敗しても、4回転ループがなかったらトリプルアクセルを2本も入れられないので（※2）、最終的には4回転ループをやって良かったと思っています。

自分が今シーズンでループを入れようと思ったのは、来シーズンを見据えて、今シーズン中にこのループを入れた4回転4本の構成に慣れておきたいからでした。この構成で試合を経験したいという思いが強く、そういった意味ではミスが出てもそんなに焦りはありませんでした。とにかく来シーズンに向けてという気持ちだけで4回転ループを入れました。

――その結果が良かったり、悪かったりしながら、世界選手権のフリーでノーミスの演技ができました。今シーズンの大きな成果ですね。

最初は今シーズンではそんなに簡単にこのフリーは完成しないだろうと思っていました。でも、やはり試合になるとノーミスでやりたいし、勝ちたい。そういった点では非常に苦しかったですね。構成を変えればすぐにノーミスの演技ができるけれど、後半に4回転サルコウ＋3回転トウループのコンビネーションを入れたいという気持ちも強くありました。エッジ系ジャンプが僕の武器だと思っていたので、そういった意味では苦しいけれど、とにかく逃げないで先を見据えつつも、今を集中してなんとか頑張ろうと。最後まで我慢できたことが今シーズンで一番良かったところではないかと思います。とにかく我慢のシーズンでした。

平昌五輪に向けて

――来シーズンはいよいよ五輪シーズンですね。

今、大きなケガもなくシーズンオフを迎えられており、昨年よりも1段階ステップアップした状態にあると思います。この状態を保つことは大事なことだし、これから先さまざまなことが難しくなり、難易度が高くなったりする中で、多くのことにチャレンジしなくてはいけなくなると思います。でも、練習の中で自分を高めていくのは楽しいことだし、それが好きでスケートをやっているというのは間違いなくあるので、そのためにも、身体のケアを大事にして、オフでしっかり追い込みたいと思っています。ここからはまた自分の技術を高められる時期に入るのでそれを楽しみながら、ケガにも気をつけていきたいです。今シーズンはその点をうまくコントロールできたと思うので、来シーズンに向けても徐々に工夫してやっていければと思っています。

――身体のコンディションさえ良ければ、良い演技ができると期待していいですか？

女子のエフゲニア・メドベージェワ選手はどんな状況でもミスのない演技ができる。世界選手権にピークを合わせているとか、合わせていないとか関係なく、どこでもあのレベルの演技ができる。そして、最終的にシーズンの最後にシーズンベストが出せるほどのクオリティで、演技ができる。これって大事なことだと思うんです。彼女にとってノーミス以外は失敗だから、プレッシャーが間違いなくかかっている。そういう状況の中であれだけミスなく続けられるのはものすごいことですし、メンタル面で彼女から学ぶものは多くあるんだろうと思います。「ノーミスだったら勝てたよね」と言うのは簡単ですが、あえて言うなら、試合でできなければそれはただの絵空事であって、皆ノーミスだったらどうなるのって。そんなことはわからないじゃないですか、試合になってみないと。自分がそれだけ自信を持って勝てると思うのであれば、そのクオリティを目指してやり続けなきゃいけないなと思います。自分にプレッシャーをかけることはもちろん、今でもすごいプレッシャーはかかっているけれど、それでもいいと思うし、それを乗り越えるくらいでないとオリンピックでは通用しないと思っています。

――世界選手権、国別対抗戦で学んだことは来シーズンのプラスになりますか?

今まで、特にソチ五輪のシーズンはそうでしたが、ショートで頑張って、しっかりフリーを滑りきるという感覚でやってきました。今シーズンの2戦を通じて、以前の自分らしく、ショートで失敗してもフリーでなんとか巻き返すという気持ちの強さが戻り、ジャンプやメンタルなどの部分にようやくつながってきたと感じています。その強さを常に発揮させるのか、あるいはそれをもうしまい込んで、それがなくても良い演技ができるようにするのか、よくわかりません。それでも、この2戦ではいい手応えのフリーができたので、来シーズンに生かさねばと思います。次のシーズンまで試合がない中、もっとも印象に残るのはシーズン最後の試合なので、ショートに対する悔しさも強く残ると思います。国別のエキシビションのアンコールではいい演技ができたから、今はすがすがしい気持ちでいますが、ショートは悔しかったし、フリーでしっかりベストが出しきれていないのも悔しい。そういう悔しさ、良かったトウループ、ループのこと、サルコウが安定してきたこと、これら全部を含めてより成長しなければ、と思っています。もちろん世界選手権でもいろいろな経験ができましたが、最終戦として集大成となったのは国別対抗戦なので、そこで得たことを生かして、来シーズンの最初の試合に向けて進んでいきたいと思います。

※注2　フリーではジャンプを8回跳ぶことができる。ルール上「トリプル以上のジャンプ」の繰り返しは2種類2回まで。アクセルを含む6種類のジャンプで、回転数と種類を組み合わせ、より難しい構成を作っている。

信用金庫
LOTTE
KOSÉ
YEARS

信用金庫
LOTTE
KOSÉ
YEARS
1892-20

2017
KOSÉ

Japane

KOSE

木下グループ KINOSHIT

シーズン概況

平昌五輪シーズンが始まった。勝負の年に羽生が選んだ注目のプログラムは、ショートプログラムがショパン作曲の『バラード第１番』、フリーが映画『陰陽師』より『SEIMEI』。ともに15〜16年シーズンに世界最高得点を連発した、最強のプログラムだ。

羽生の仕上がりは上々だった。シーズン初戦の９月、オータムクラシックでショートプログラムの世界最高得点を塗り替える。右膝に抱えた違和感の影響もあり、フリーはミスが出て、ハビエル・フェルナンデス（スペイン）に次ぐ２位となった。

続くグランプリシリーズ初戦の10月、ロシア杯は、フリーで４回転ルッツに初成功した。羽生にとってはトウループ、サルコウ、ループに続いて４種類目の４回転ジャンプとなる。試合はネーサン・チェン（アメリカ）に次ぐ２位だったが、五輪連覇へ向けて着実に階段を上っていった。

しかし、11月のＮＨＫ杯で思わぬアクシデントに見舞われた。公式練習で４回転ルッツを跳んだ際に、着地で右足首を負傷。「右足関節《みぎそくかんせつ》外側靱帯損傷」と診断されて試合を欠場し、５連覇のかかった12月のグランプリファイナルも出場を逃す。

当初は全治３〜４週間との診断だったが、予想以上に重傷で、平昌五輪代表選考会を兼ねた12月の全日本選手権も欠場となった。

羽生が不在となった試合では、４回転ジャンプを武器にする若手の活躍が目立った。

グランプリファイナルは、ネーサン・チェン（アメリカ）が優勝し、宇野昌磨（トヨタ自動車）が僅差で２位。ボーヤン・ジン（中国）はケガで欠場し、ベテランのハビエル・フェルナンデス（スペイン）、パトリック・チャン（カナダ）は出場を逃した。

全日本選手権は宇野が２連覇し、田中刑事（倉敷芸術科学大）が２位に入った。この結果、五輪代表は宇野と田中に加え、世界ランク１位などの実績がある羽生が順当に選ばれた。

羽生は18年１月の四大陸選手権にもエントリーせず、平昌五輪が復帰戦となる可能性が高くなった。右足首のケガは回復が予想以上に遅れ、年が明けてから氷上練習を再開した。（敬称略）

2018

2017 –

9

歴史への第一歩
——世界最高得点、再び更新

五輪シーズンは、衝撃とともにスタートした。初戦のオータムクラシックで、いきなりショートプログラムの世界最高得点を更新する112・72点をたたき出したのだ。右膝の違和感で4回転ループを回避しながらの快挙だった。続くグランプリシリーズ初戦のロシア杯では、試合で初めて跳んだ4回転ルッツに一発で成功した。五輪連覇へ向けて着実に歩みを進めた羽生選手が、シーズン序盤の2試合を振り返り、平昌五輪へのプランを語った。

オータムクラシックを終えて

――初戦を振り返って、オータムクラシック（2017年9月、カナダ・モントリオール）でプラスになったことはどんなことですか？

いろいろなことを学びました。リカバリーすることだけがすべてではないんだなとすごく痛感しました。

特に、あの試合では得点源が全部、後半に入っていたので、そういった意味では、後半から何とかしなくてはという気負いもあったし、後半の構成に関してはあの頃はだいぶ安定しはじめていたので、自信もありました。その中で1回目のトウループでミスをしてしまって、どうにかしなきゃと思いながら2回目もミスをしてしまった。その混乱の仕方というのは試合独特なものなので、初戦でまずその感触を得られたのは良かったなと思います。でも同時に、それを何とかしなければと思ったばかりに、大きく得点を落としてしまった。今回、アクセルを単発にしましたけれども、本来、自分の理想の構成でプログラムを作っているわけだから、そのプログラム自体を壊したくはないので構成を変えるのはいやなんです。そういった意味では、駆け引きではないけれど、万が一、いろいろあったときに、攻めるだけが得点を伸ばす方法ではない、「攻める＝得点を伸ばす」ではないんだなとすごく感じた初戦でした。

――どんな狙いを持って初戦に挑みましたか？

初戦では4回転ルッツをやりたかったんです。フリーで4回転ルッツをやって、4回転ループも跳んで、後半の4回転3本とトリプルアクセルという構成をしっかり実戦で試すことが一番の大きな目標でした。実際にやってみて、この構成はこれだけ（足に）負担がかかるんだ、気をつけなければいけないんだということをポジティブに学べました。それに加え、試合に向けて練習してきた中で技術はものすごく上がっていて、いろいろな跳び方も身に付けているので、実戦ではすべては跳べなかったものの、そこに行きつくまでの過程も学べました。

――「膝の故障で大事をとって」との発表がありましたが、試合を欠場することも考えましたか？

僕の中では左膝の故障にはトラウマに近い記憶があって、2013年の世界選手権のときには膝の故障を治すまでに2ヶ月かかってしまいました。

若気の至りと言えばそれまでかもしれないですが、あのときは歩けない状態になってしまいました。サルコウをやり続けて、併せてスケーティングの質も高めなくてはならないといろいろやり続けて、最終的に膝を痛めてしまったという後悔が残りました。今回、そこまでいってしまったら10月のグランプリシリーズの初戦にすら間に合わなくなってしまう。グランプリに間に合わないと、全日本選手権での一発勝負になる。全日本を終えた次の試合が平昌オリンピックとなると、絶対に調整は無理だと。その不安が一番大きかったので、今回試合に出るという決断はそんなに簡単ではありませんでした。

ショートプログラムでの世界最高得点について

――それでも、難度を下げた構成のショートプログラムでは世界最高得点を更新しました。どんな思いでしたか？

ある意味、安心しました。万が一、身体の状態が良くなくて、ループも思うようにはまらなくて、でも絶対に勝たなくてはならない試合、それはオリンピックでも全日本でもいいんですけれど、ここだけは確実に勝たなければならないとなったときに、この構成でもショートは勝てるな、リードはできるな、と一瞬思ってしまった自分がいました。でも結局、フリーを終えてみて、やはり挑戦しないとモチベーションがもたないな、というのはものすごく感じました。

――4回転サルコウでも世界最高得点が出ました。あえて難しい構成で挑戦しなくてもいいのではとも思いますが、アスリートとしては挑戦しますよね？

はい、もちろん。自分の中でのイメージとして、『バラード第1番』の最初の旋律から始まって、イーグルから4回転サルコウへそのまま入ってイーグルにつながって、その後にスピンをやるという構成自体はイメージできなくはないし、それはそれで完成されつつあったものだと思うんです。あるいは、この試合で完成されたのかもしれないですけれども。

でも、今の僕にとっての『バラード第1番』はやはり4回転ループだし、ループだからこそ見えるものが、またどこかに違うものがあるのだろうと思うのです。感じ方は人それぞれ違うと思いますが、僕にとっての今のあの音楽はループがあってこそだから、そのループで決まらなきゃ話にならないなと思います。4回転サルコウにするとかしないとか、そういう気持ちがあるとかないとか、そんなことは関係なく、もうあそこは4回転ループというふうに僕の頭の中ではなっているので、まったく心の揺らぎはないですね。

4回転ルッツについて

――オータムクラシックから戻って、すぐに4回転ルッツを入れた当初の構成で練習を再開したのですか？

すぐにではないです。まず4回転ルッツが跳べるかどうかの確認をしなくてはいけなかったし、4回転ループも公式練習でやっていましたが、多くて1日1本ずつくらいでした。まずは追い込める身体に戻さなきゃいけないというのが先でした。それから徐々に練習を重ねていって、跳ばなかった時期、跳べなかった時期があまりにも長かったので、イメージがどんどんなくなっていった感覚がありました。

――取り戻していく作業は難しいですね。

4回転ループは取り戻すという感覚に近いですが、4回転ルッツに関しては、ほとんど身体がそこまで覚えていない。頭もそこまで感覚を覚えきっているわけではないので、作り直す作業に近かったかもしれないです。

――今年のアイスショーの練習では、きれいな4回転ルッツを跳んでいましたね？

夏の練習はいいイメージを持ちながらできていたし、いい技術面のサポートがあったし、集中してジャンプの練習ができていました。その段階ではまだプログラムを通しでやらなきゃいけないとか、何かをしなきゃいけないという焦りがなかったですし、ルッツを入れたい気持ちが強くあったので集中できました。ある意味、そうした条件がそろっていたからこそ、技術だけでなくイメージもできていたのかなと思います。

ロシア大会を終えて

——グランプリシリーズ初戦のロシア大会（10月、モスクワ）では構成を本来のものにして挑みましたが、新しい構成でのフリースケーティングについてどう思いましたか？

やっぱり難しいですよ。でも、自分の中で妥協点を一つ見つけるとしたら、よくぞ、ミスが2回くらいあった中で1位が取れたなと思います。最初の4回転ルッツが終わった後に、4回転ループで回転が抜けはじめてもよくトリプル（3回転）にまとめたなと思いましたし、4回転サルコウに関しては少々軸がずれたものの回転を抜かなくて良かったと思いました。

後半の4回転トウループはタイミングが全然合わずにダブルになってしまいましたが、それは仕方ないと思います。その後の三つのジャンプ（4回転トウループ+3回転トウループ、3回転アクセル+2回転トウループ、3回転アクセル）が、印象としてもいい形で締めくくれました。

いつもの初戦とはまったく違う感覚ではありましたが、今回はオータムクラシックの前から、ハビエル・フェルナンデス選手と戦うとか、今回の試合のようにネーサン・チェン選手と戦うとか、そういうことを想定しながら練習してきました。プログラムの作り込みをすごく早くしていたということがこの結果につながったと思います。

毎年毎年、グランプリ初戦は焦って始めてしまうというパターンが多く、それは自分の中でも気づいていました。そのせいもあって、この時期はケガが一番多いというのもわかっているので、練習とケガの予防、そこの兼ね合いがすごく難しかったなと思っています。ただ、いつもよりはちょっと滑り込めているので、プログラムが身体に入りこんでいるという感覚があります。

――プログラムを早く作ってきた一方で、チャレンジャーシリーズのロンバルディア杯やUSインターナショナルクラシックで他の選手がいい得点を出したとか、4回転ジャンプを跳んだとかいろいろなニュースが聞こえてきたと思います。それはどのように受け止めていたのですか？

焦りはあったと思います。ここまでスケートをやってきた経験から、自分がスロースターターだということはいやでも思い知らされていますから。でも本当に思うのは、これまでのグランプリシリーズ初戦と比べて30点くらい得点が上がっているということ。そう考えると、今季の練習の質はこれまでとはまったく違うし、ここまで積み上げてきたものの重さが全然違うんだなと思います。

練習にしても私生活にしても、すべてをスケートのために使いきるにはどうしたらいいかとずっと考えて過ごしてきています。もちろん、結果が出なくてすごく苦しかったりすることもありますが、積み上げてきたものは、間違いなく積み上がっているんだなという感覚はあります。

オリンピックに向けて

——オリンピックを控えるシーズンだからこそ、いつもとは変えているところはありますか？

身体の作りを早くしようということは、すごく思っています。ソチ五輪シーズンもそうでしたが、3月の世界選手権にピークを合わせるのでは話にならないと感じています。オリンピックでうまくいかなかったとしたら、滑り込みの足りなさや効率の悪さであったり、ジャンプの精度の上げ方でも効率が悪かったり、要因はいろいろ考えられると思います。16歳や17歳の頃のように、バンバン、ジャンプを跳んでこけまくって、でもそこから身体が覚えていくから大丈夫、みたいな感覚ではもうやっていけません。やはり、今の身体に合わせたものをやらなければいけない。けれどもあの頃より難しいことはやっている。回復力も全然違う。身体といろいろ向き合いながら練習しなきゃいけないし、どれだけいい練習をしていくかということこそ、すごく大事だと感じているシーズンではあります。

——羽生選手の身体は大きくなりましたよね、筋肉のつき方も変わりましたか？

意識はしていないのですけれど……。

——羽生選手は細いというイメージがありますが、実は筋肉がついていて引き締まっていますよね。

俗に言う、ウエイトトレーニングのような、筋肉を肥大させるようなことはまったくしていないです。

もともと体格的に細いし、筋肉がつくタイプではないからこそ軸が細くてきれいなジャンプになるということもあるかもしれません。でも安定ということで言えば、体格がしっかりしていて重心が低くて、軸が多少ブレても体幹で何とか締めきれるような選手の方がジャンプには有利だと思うんですよ。

でも、僕がジャンプでそれをやりはじめたら、安定はするけれど、自分の良さがまったくなくなってしまう。安定感のなさは、自分の弱さです。人一倍緊張したり、人一倍プレッシャーがかかったりするのも、本番での精度の低さというか、全部がかみあわないと自分のジャンプになりきらないという、条件の難しさがあるからです。

それでも本当に、いろいろ悩み抜いて最終的にたどり着いたのは、それがやっぱり強みでもあるんですよね。条件をそろえることは、精神面を鍛えたり、身体のケアをしたり、アップもきちんとしたりすれば何とかなることだし、そのために多くのスタッフがケアしてくれる。体格を変えて自分らしいジャンプを切り捨てて安定感を求めてしまったら、たぶん、もう元には戻れないと思いました。

——安定感をとるか長所をとるか、そのバランスですね？

常にバランスは気にしながらやらなきゃいけない。昔は本当に無我夢中でやっていました。ただ、今回4回転ルッツを跳ぼうと思ったときに、やはり安定感を求めなくてはいけないのではということを考えました。いろいろな選手の演技を観たり、どういうときにぴったりルッツがはまっているかなども考えたのですが、やはり条件があまりにも厳しい。

自分なりの表現では、ガラスのかけらなんですよ。それがうまくはまればすごくきれいになりますが、はまらなければ自分を壊すことにもなりかねないし、実際にケガをしたこともあります。うまくはまらなければ、精神的にもボロボロになるし、自分を信じきれなくなる。ただ、そうした弱点がないと強くなれなかったし、それを乗り越えてきたから強いんだと思います。自分の体格や、今まで習ってきたスケートの基盤は、どうあがいても何ヶ月かで変わるものではない。変えられるのは、条件の厳しいものをどれだけちょっとずつ易しくしていくか。易しくしすぎると安定感の方に向いちゃうから、厳しい条件の中でもどれだけ自分をストイックに保ちながらいろいろなものを積み上げられるかが、今の自分の一番大事なところだと思っています。

――初戦のフリースケーティングで4回転ルッツを成功させました。ホッとしましたか？

ありがたいことに初戦での成功率が１００％だということに、運命的なものを感じているんです。（※注　11年4回転トウループ、12年4回転サルコウ、16年4回転ループとシーズンの初戦でそれぞれのジャンプを成功させている）やはり思いきってやれることの楽しさというのをすごく感じました。何かを考えながら、ここで抑えなきゃ、これをやらないでこうやらなきゃと思いながら滑るスケートと違って、思いきってスケートができる、思いきって自分の身体を信じて滑ることができるときというのは、本当にスケートという競技をやって良かったなと思う瞬間です。

フリーでは4回転ルッツを跳べたし、ショートはまだ4回転ループの構成でノーミスで滑れていませんが、実際、昨シーズン後半はずっとループを決めていました。そこにはもう挑戦という気持ちはまったくないので、この構成でノーミスで演技したいという気持ちがものすごく強いです。

ロシアで確かめたスケートの原点

――久しぶりのロシア大会でしたね。ロシアでの一番の思い出はどんなことですか？

（11〜12年シーズンに）合宿したことが一番の思い出ですね。密度の高い練習をしたなという印象が残っています。すごく寒い時期だったし、体調もそんなにいい状態ではなかった。でも、景色とか、ロシア語の標識とか、ロシア語での会話を聞いていたりすると、あのとき、本当に頑張って良かったなと思います。

あのときの世界選手権（12年）がなかったらきっとここまで来られていない。いまだにエキシビションナンバー『ノッテ・ステラータ』を滑るときは、こういうふうに表現しなさいという教えがよみがえります。教えてもらったのはたった20時間か30時間くらいですけれど、本当に本当に今の僕のスケートの基盤の一つです。

――ロシアの伝統が入っている感じですか？

伝統というか、ナタリア・ベステミアノワとイゴール・ボブリン夫妻の考え方の基礎というか、表現の基礎的なことをすごく教えてもらえたと思います。

――今も残っているその教えを感じるのは、どんなところですか？

カナダに練習拠点を移してからは、カナダとロシアの表現の仕方がまったく違うから、そのどちらでもないアジア人がどのような表現をすればいいのかを考えています。

いろいろな方と話をして感じるのは、（僕自身は）北米で練習していて北米らしさを少し持っているけれど、表現の仕方は北米スタイルだけではない。どちらかというと表現の系統的にはロシアのタイプなんだろうけれど、そこだけに特化しているわけでもない。やはり、アジア人特有のジャンプの細さがあって、それらすべてが生かされているから素晴らしいよねと結構いろいろな方に言われて、それはスケーター冥利《みょうり》につきます。ある意味、日本人に生まれて良かったなと思えます。僕自身は日本で練習を始め、いろいろな教え方を持っている日本の先生たちにも恵まれ、その後ロシアへ行って、カナダに行って、本当にいろいろなことを吸収しているので、いろいろなものが僕の中に入っているんだと思います。

――グランプリシリーズ初戦にロシア大会を選びました。例年とは違うシーズン開幕になりましたね。

一番良かったなと思ったのは、4回転ルッツが跳べたことでもショートでミスして課題が見つかったことでもなく、（ロシア合宿で教えていただいた）ベステミアノワ&ボブリン夫妻の前で滑れたこと、タラソワさん（タチアナ・タラソワコーチ）の前で滑れたこと、そしてこのロシアの地でまた滑れたことです。

全然良い出来ではなかったし、（観戦していらっしゃった）3人には会えなかったけれど。タラソワさんには曲を提供していただいたし、ベステミアノワ&ボブリン夫妻は自分の基盤をつくってくれたお二人です。その教えがないとここまでやってこられませんでした。今まで積み上げてきたものをすべて出さなくてはいけないシーズンの初戦に、そうした方々の前で滑れたことによって、もっとこんなことができたな、もっとこんなこともやらなきゃいけないんだ、こういうことに注目しなきゃいけないなということを、改めてすごく感じられたんですよね。

（フリーの）『ＳＥＩＭＥＩ』でも、ショートでも、ジャンプに集中しなければいけませんでした。特にシーズン初戦だから自分としてもジャンプへの集中度は高かったのですが、今回のエキシビションに関して言えば、フリーが終わった後から振付けをやり直して、自分の中でもっともっと解釈を進めて、ロシアという地の芸術的な文化にさらに近づけたいと思いました。そういう意味で勉強になったし、すごく励みになったし、本当にここで滑れて良かったと思います。

――エキシビションはすごい拍手でしたね？

スケートをやっていて良かったなと思うのは、ジャンプの難しさや限界への挑戦がうまくいったときです。でも最近はジャンプだけではなく他の部分で拍手が起こることがあって、それはまたすごくうれしく感じます。野村萬斎さんから学んできたことかもしれないけど、スピンをするときの気持ちとか、演技の一つひとつの所作に込めた気持ちとか、一つひとつに意味があり、そういう表現に対して皆さんが敏感に反応され、すごく素直に受け止めてくださっているという感覚が強くあります。そんなとき、僕は本当にスケートをやっていて良かったなと思うし、そう思えることの原点が自分にとってはロシアにあるのかなと思います。

Photo report

カナダ・トロント公開練習 *2017*

羽生選手の練習拠点であるトロントで、夏の2日間、
取材陣に向けて練習が公開された。

スケートリンクのほかに、トレーニングジムやテニスコート等も備えている「トロント・クリケット・スケーティング＆カーリングクラブ」

リンクサイドの壁際には、羽生選手を含め、クラブが輩出した五輪や国際大会のメダリストのネームプレートが並ぶ

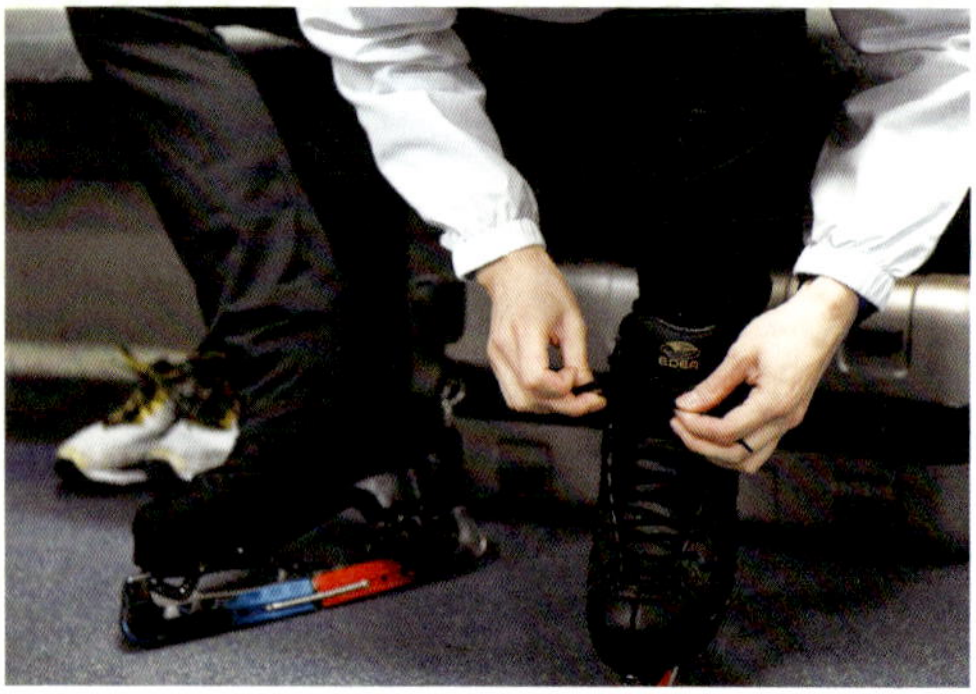

履きなれた黒いスケートシューズの靴ひもを手早く結び、リンクへ向かう

フリーの『SEIMEI』の曲をかけての練習中。演技に集中すると、穏やかな顔つきから気迫のこもった表情に一変する

羽生選手がブライアン・オーサー、トレイシー・ウィルソン両コーチに師事し、カナダ暮らしを始めてから6年目となる。厳しい練習の合間にも、うちとけた雰囲気が漂う

練習後でも、サービス精神旺盛。明るい太陽の下で爽やかな笑顔を見せてくれた

TEN

三菱地

三菱地所
SEIKO
高須クリニック
TOKIO
TOYO TIRES
Ростелеком
Ростелеком
大山式
ダイナム
アイフル
TESS
ИНГОССТРАХ
COACH

Ростелеком
信用金庫
KOSÉ
JSF

10

スペシャルインタビュー
平昌オリンピック

いよいよ決戦の時が迫ってきた。羽生選手にとって五輪とはどんな舞台なのだろうか。19歳で挑んだソチ五輪で金メダルを獲得してから4年。五輪王者として歩んできた道のりは、想像以上の苦しさがあった。栄光の陰で何度も壁にぶつかり、重圧に潰されそうになった事もある。自らの道のりを振り返るその目には、自然と涙があふれた。苦悩し、葛藤し、それでもスケートに戻ってきた原動力は何だったのか。さらに、平昌後の夢についても語る。

平昌五輪へ

——羽生選手にとってオリンピックとはどんな舞台でしょうか。他の試合とは何か違う意味を持つのですか。

一つの側面を言えば、普通の試合です。そうやってコントロールしようとしている部分もあります。でも、本心を言えば、憧れの舞台です。ソチ五輪で金メダルを取ったから、もう現実の舞台として捉えられているかというと、それはありません。一度経験しても、世界ランク1位でも、自己ベストで誰よりも高い点数を出しても、やっぱりオリンピックには初めて行くような気分です。

——あの舞台で滑るのは、気持ちがいいのでしょうね。

気持ちいいと思った事はなかったです。うれしくなったり悲しくなったりするのは、終わった瞬間です。

——滑っている最中はどんな気持ちなんですか。

無我夢中です。試合をやっている、それだけです。その試合に、大きなプレッシャーがかかってくるんです。

——世界中が注目する舞台で、どんな演技をしたいですか。

やっぱりノーミスにしたいという気持ちしかありません。それはどんな試合でも同じです。急に曲が変わるわけでもないし、ほかの試合と何も変わらない。だから、安心して五輪に挑めます。ただし、特別な気持ちが入る事は確かです。その気持ちにどうアプローチするかが大変です。絶対に緊張するし、色々と悔やむ事になるでしょう。ノーミスでも、手放しで喜べる事はない。今までもないですから。

――これまで一度もないんですか。

手放しで喜んだ試しがないです。（ショート、フリー、合計の世界最高得点を出した2015年11月の）NHK杯でも、演技後は「もっとスピンを回れた」と反省していました。（世界最高得点を更新した同年12月の）グランプリファイナルは、精神状態が大変でした。「2試合連続であの（ミスのない）演技をやらなきゃいけない」というグチャグチャした感情があって、それは大きな反省点でした。その後は、（ショートとフリーの）2本とも（ノーミスで）そろえた試合がありません。毎試合、悔しさや課題が残っているので、五輪も同じだろうなと思います。

秘めた苦悩

――ソチ五輪の後、周囲の期待は高まる一方でした。自分に対する期待も増していますか。

それは、間違いなくありますね。

――でも、逆に自分を信じられなくなる時もあったのでは？

あまり口に出すのが好きじゃないんですが、最近は自己解決できなくなってきました。昔はスケートに対してもっと軽い気持ちで付き合っていたんです。義務感というか、「やらなきゃいけない」と思っていました。好きとか嫌いという以前に、「ここまでやって来て、簡単に手放せない」という思いがあり、縛られていたんです。でも最近は、その感じが全くありません。望んでスケートをやっています。

――良い事だと思うのですが。

だからこそ、自己解決できなくなってきているんです。これまでは、自分の力だけで技術的な課題もクリアできました。だけど、最終的にここら辺（頭のてっぺん辺りまで手を上げて）まで来て、誰かの力を借りないとどうしようもない時があるんです。ままならないと大変です。自分の気持ちが追い付かない。体力は確実に増して、昔の構成だったらいつでもミスなく滑れると思います。だけど今は、身体も頭も（やるべき事に）追い付かなくなってきました。

――4回転ルッツにも苦戦していましたね。

自分で何回も研究して、「これだ」と思って氷上でやり始めても、それが1日で砕かれます。それを繰り返し過ぎて、どうしたらいいか分からなくなりました。昔はスケートが義務だったから、それでも「やらなきゃ」と思えたんです。そもそも、そこまで考える前に、できるようになっていました。でも今は、違う。自分の限界を感じているわけではないのですが、自分一人の力の限界を感じます。それは多分、これまで4回転を跳ぶ事を意識してジャンプを作ってきていないからだと思います。

――4回転を跳ぶためには、跳び方の根本から変えないといけないのですね。

そうです。変えなくてはならないものがたくさんあるんですが、自分一人じゃ作れないし、見えないんです。トウループ、サルコウは身体能力で追い付けました。イメージも付いてきました。でも、ルッツ、ループは、そこまでやりきれていません。自分の技術や知識が、まだ追い付かないんです。

母の支え

――誰にも理解してもらえない苦しみがありますね。

ソチ五輪直後のシーズンは、「こんな気持ちは誰もわからない」という思いがすごくありました。以前は、プレッシャーも、自分で解決していた。今はその領域をオーバーしています。それを自分でわかっているので大丈夫です。みんなで乗り越えてきましたから。

――以前はもっと孤独だったのですか。

オリンピック直後は、一人で抱え込んでいました。(14年11月の中国杯で他選手と)ぶつかった後も、(同年12月に手術で)お腹を切った後も、「何とかしなきゃいけない」「オリンピック王者なんだ」と一人で焦っていました。でも、そういう時期を乗り越えて、今は一人で何とかしようとは思わないです。

――ソチ五輪で勝った直後、「連覇したい」と公言しました。その時は、こんなに苦しい道のりだと想像していましたか。

もっと違うつらさを想像していました。もっとプレッシャーに対するつらさというか、五輪王者は常に勝たなくてはいけないと思っていたんです。でも、そうではありませんでした。中国でぶつかって、次のNHK杯で4位になってしまった。その後は、そういう思いがなくなりました。でも、(15～16年シーズンに)『バラード第1番』と『SEIMEI』でノーミスの演技をして、また出てきました。

——自分で自分に重圧をかけてしまうという事ですか？

期待してしまうと思います。「勝てる」とはっきり知ったので、今まで以上にそれを望んでしまいます。そこが苦しいです。一方で、（やるべき事は）もっと難しくなってくるから、どうしようもなくなる。葛藤はあります。

——そういう苦悩や葛藤を乗り越える原動力は何ですか。越える度に立ちはだかる壁を乗り越えるパワーは。

極論を言うと、母親です。

——お母様はトロントで一緒に暮らし、支えてくれていますね。どんな存在ですか。

母は、人生の目的が、自分自身じゃなくなっているんです。その感覚を、プレッシャーと感じないのが家族のありがたさです。本当に色々と支えてもらっています。

——一人で戦っているのではないんですね。

ソチまでは、一人でやっている感覚でした。（涙がこぼれる）でも、振り返ると、一人でやって良かった試合がまったくないんです。

——自分の事を分かってくれる存在は心強いですね。

すごいですよね。いやぁ、インタビューで初めて泣きました。（笑）びっくりしました。

——様々な思いを抱えているんですね。

シーズン初めは、毎年すごくしんどいんです。でも、今季はいつも以上の大変さがありました。まだ終わっていませんけど。

――大変な道のりだったんですね。

スケートを始めてからずっと大変でした。でも、両親がスケートをやらせてくれた事には感謝しています。姉がやっていなかったら、僕もやっていないと思います。恐らく野球をして、もっと勉強していたでしょう。でも、スケートを始めた時から、オリンピックで金メダルを取ると決めていました。こんなに難しい試合だとは知らなかったですけど。

波乱のスケート人生

――改めて振り返るとドラマチックなスケート人生ですね。

自分でも気持ちが追い付かないくらいです。まるで、ジェットコースターに乗っているようです。勝てない時は本当に勝てないし、たくさん練習してすごく調子がいいと、ケガをする。その繰り返しです。いい時と悪い時の差が激しくて、自分でも付いて行けない時があります。

――ドラマよりも劇的かもしれませんね。

ライバルが現れるタイミングもそうなんです。ソチ五輪前のパトリック（・チャン）もそう、現在のネーサン（・チェン）やボーヤン（・ジン）もそう。ボーヤンが4回転ルッツを跳んだのは、ソチが終わったすぐ後でした。現在の4回転時代の到来を暗示していました。そこから時代が動き出した気がします。

――羽生選手は、常に先頭に立って競技の限界を押し上げ続けてきたと思うのですが。

そんな事はなくて、そういうタイミングだったんです。ボーヤンやネーサンら4回転ルッツを跳ぶ選手が出てきたから、自分も挑戦しました。でも、思い返すと、都築（章一郎）先生に習っていた小学生の頃から、「4回転アクセルまで跳ばなきゃならなくなるぞ」と言われていました。5回転もやれと言われていました。もちろんその頃は実感はありませんでした。ソチ五輪の直後も、「このままの状態が今後も続くんだろうな」と思っていました。

——ここ数年の、男子フィギュアが進化するスピードは予想以上でしたね。

ソチ五輪の頃は、4回転はトウループとサルコウを跳べば勝てました。今思えば、いい時代でしたね。（ショートで滑った）『パリの散歩道』なんて、今ではとても簡単だと感じますから。

——これからどんなドラマが待っているのでしょうか。

自分の考えですが、人生のプラスとマイナスはバランスが取れていて、最終的には合計ゼロで終わると思っています。だけど、振れ幅が大きいか小さいかは、その人次第。僕は、プラスとマイナスの差が激しいんです。ソチ五輪がプラス過ぎたのか、その後は一気に落ちました。スケートを辞めようと思った事も、何度もあったんです。「何でスケートをやってるんだろう。もう辞めよう」って、何度も泣きました。でも、落ちた後に、結果をもらってまた上がる。また落ちる。今後もジェットコースターのような人生を歩んで行くのでしょうね。

平昌の先へ

――平昌五輪で金メダルを目指していますが、その後も選手として滑り続ける気持ちはありますか。

本音を言えば、ソチ五輪が終わった後は、平昌で引退しようと思っていました。これまで結構しんどくて、「もう辞める」と思った事もありました。だけど、先々シーズンぐらいまでは、「平昌まで頑張ってから引退しよう」と決めていたんです。でも気付いてしまった。小さい頃の自分にうそをついているような気がしたんです。

――何に気付いたのでしょうか。

五輪で2連覇、19歳と23歳で優勝。その後は、プロになって何年間滑って、何歳で結婚して――。ずっと前から全部計画していたんです。だけど、「ちょっと待てよ、4回転アクセルを跳びたくないのか？」と思ってしまったんです。都築先生にも「初めて4回転アクセルを跳ぶ男になるんだ」「アクセルは王者のジャンプだ」と言われ続けてきた。だから、アクセルに恩返ししなきゃいけない、跳ぶまでは辞めちゃダメだと思っています。

――その後のスケート人生や、将来的な夢や目標は。

大学の勉強が楽しいです。単位を取るだけならいくらでも取れるのですが、もっときちんと学んで知識を付けたい。だから、もうちょっと大学は続けたいです。

――しばらくはスケートと学業の両立が続きますね。

最終的にはコーチに興味があります。将来のスケーターに携われるようにデータを残して、教えたい。小さい頃からたくさんのショーに出させていただいたお陰で、ステファン（・ランビエール）やジョニー（・ウィアア）、（エフゲニー・）プルシェンコといった、憧れていた世代の方々が応援してくれている。そういう方々が後押ししてくれるなら、一緒にアイスショーや教室を開きたいです。

——世界最高峰の技術が集結する場ですね。

10歳の頃、ステファンのスピンを目の当たりにしました。勝負したのですが、尋常じゃないくらいうまかった。

——世界で一番スピンが上手な選手と勝負したんですか。

そうです。ステファンが（練習拠点だった仙台市内の）勝山でショーの練習をしていたので、僕が隣でスピンを回り始めた。本気で勝てると思ったんです。やがて、彼が本気を出してきた。勝てるわけがない。でも、ステファンは覚えていてくれて、後で「あの時の、小さくてずっとスピンやっていた子だろう？」って声をかけてくれました。

——素晴らしい経験ですね。

彼と勝負して、僕は「スピンもうまくなってやる」って決意したんです。彼らに習えば絶対にうまくなる。レジェンドメンバーを集めて、最高のスクールを開くのが夢です。

2010-18年
コスチューム

プログラムの世界観を伝えるうえで
欠かせない、華やかなコスチューム。
シニアデビューした2010-11年シーズンから現在まで、
氷上を鮮やかに彩ってきた衣装を紹介する

※SPはショートプログラム、
FSはフリースケーティングの略

2010-2011年 SP
『ホワイト・レジェンド』
バレエ音楽『白鳥の湖』より

作曲+ピョートル・チャイコフスキー
編曲・演奏+川井郁子
振付+阿部奈々美

2010-2011年 FS

『ツィゴイネルワイゼン』

作曲✣パブロ・デ・サラサーテ

振付✣阿部奈々美

2011-2012年 SP

『練習曲第12番 嬰ニ短調「悲愴」』

作曲✣アレクサンドル・スクリャービン

編曲✣トルガ・カシフ

演奏✣マキシム

振付✣阿部奈々美

振付✣ナタリア・ベステミアノワ

振付✣イゴール・ボブリン

2011-2012年 FS

『ロミオ+ジュリエット』

映画『Plunkett & Macleane』等より

編曲❖クレイグ・アームストロング

振付❖阿部奈々美

振付❖ナタリア・ベステミアノワ

振付❖イゴール・ボブリン

2012-2013年 SP
『パリの散歩道』
曲✣ゲイリー・ムーア
振付✣ジェフリー・バトル

2012-2013年 FS

『ノートルダム・ド・パリ』

作曲+リカルド・コッチアンテ

振付+デヴィッド・ウィルソン

2013-2014年 SP
『パリの散歩道』
曲✣ゲイリー・ムーア
振付✣ジェフリー・バトル

2013-2014年 FS
『ロミオとジュリエット』より
作曲✣ニーノ・ロータ
振付✣デヴィッド・ウィルソン

2014-2015年 SP
『バラード第1番ト短調』
作曲+フレデリック・ショパン
振付+ジェフリー・バトル

2014-2015年 FS

『オペラ座の怪人』

作曲✣アンドリュー・ロイド・ウェーバー

振付✣シェイ＝リーン・ボーン

2015-2016年 SP

『バラード第1番ト短調』

作曲✣フレデリック・ショパン

振付✣ジェフリー・バトル

2015-2016年 FS
『SEIMEI』
映画『陰陽師』より
作曲÷梅林 茂
振付÷シェイ＝リーン・ボーン

2016-2017年 SP

『Let's Go Crazy』

作曲+プリンス

振付+ジェフリー・バトル

2016-2017年 FS
『Hope & Legacy』
『View of Silence』
『Asian Dream Song』より

作曲✣久石 譲
振付✣シェイ＝リーン・ボーン

2017-2018年 SP
『バラード第1番ト短調』
作曲÷フレデリック・ショパン
振付÷ジェフリー・バトル

2017-2018年 FS
『SEIMEI』
映画『陰陽師』より
作曲✣梅林 茂
振付✣シェイ＝リーン・ボーン

シーズン	年	月日	年齢	出来事
2013-14年	2013年	10月		フィンランディア杯２連覇
				スケートカナダ２位
		12月	19歳	GPファイナル優勝。SPで世界最高得点を更新
				全日本選手権２連覇。オリンピック代表に選出される
	2014年	2月		ソチオリンピックに初出場し、日本人男子シングル初の金メダル。SPで世界最高得点の101.45点を記録
		3月		世界選手権初優勝。GPファイナル、全日本、オリンピック、世界選手権の４冠達成
2014-15年		10月		中国杯２位
				NHK杯４位
		12月	20歳	GPファイナル２連覇
				全日本選手権３連覇
	2015年	3月		世界選手権２位
		4月		世界国別対抗戦に出場。SP１位、FS１位。日本は銅メダル
2015-16年		10月		オータムクラシック優勝
		10-11月		スケートカナダ２位
		11月		NHK杯、FSで世界最高得点の216.07点を記録。トータルで史上初の300点台となる322.40点を記録し、優勝
		12月	21歳	GPファイナルで再び自己記録を更新し、SPで110.95点、FSで219.48点、総合でも世界最高得点330.43点を記録。男子シングル史上初の３連覇
				全日本選手権４連覇
	2016年	3-4月		世界選手権２位
2016-17年		9-10月		オータムクラシック２連覇
		10月		スケートカナダ２位
		11月		NHK杯２連覇
		12月	22歳	GPファイナル史上初の４連覇
	2017年	2月		四大陸選手権２位
		3月		世界選手権優勝。FSで自身の世界最高得点を更新し、223.20点を記録
		4月		世界国別対抗戦でFS１位。日本は金メダル
2017-18年		9月		オータムクラシック、SPで自身の世界最高得点を更新し、112.72点を記録し、１位。総合２位
		10月		ロシア杯２位
	2018年	2月	23歳	平昌オリンピックに出場し、２大会連続で金メダル

《羽生結弦　略年表》

シーズン	年	月日	年齢	出来事
	1994年	12月7日	0歳	宮城県仙台市で生まれる
	1999年		4歳	姉の影響を受け、スケートを始める
2004-05年	2004年	10月	9歳	全日本ノービスBに初出場し、優勝
2007-08年	2007年	11月	12歳	全日本ジュニア選手権フリーで１位、総合３位
2008-09年	2008年	11月	13歳	全日本ジュニア選手権初優勝
	2009年	2-3月	14歳	世界ジュニア選手権12位
2009-10年		11月		全日本ジュニア選手権２連覇
		12月		ジュニアGPファイナルで史上最年少の14歳で総合優勝
	2010年	3月	15歳	世界ジュニア選手権優勝
		4月		東北高校へ進学
2010-11年		10月		シニアデビューとなるNHK杯４位
		11月		ロシア杯７位
		12月	16歳	全日本選手権４位
	2011年	2月		四大陸選手権に初出場し、２位
		3月		仙台市内の練習拠点であるアイスリンク仙台で練習中、東日本大震災で被災。全国各地のアイスショーに出演し、練習を続ける。７月、拠点を仙台に戻す
2011-12年		9月		ネーベルホルン杯に出場し、シニアの国際大会で初優勝
		11月		ロシア杯初優勝
		12月	17歳	GPファイナル４位
				全日本選手権３位
	2012年	3-4月		世界選手権に初出場、３位。フィギュアスケート日本男子史上における最年少記録の17歳３ヶ月で、世界大会メダリストになる
		4月		カナダ・トロントのクリケットクラブに練習拠点を移す
2012-13年		10月		フィンランディア杯優勝
		10-11月		スケートアメリカ（10月）、NHK杯（11月）のSPで２大会続けて世界最高得点を更新
		12月	18歳	GPファイナル２位
				全日本選手権初優勝
	2013年	2月		四大陸選手権２位
		3月		世界選手権４位
		4月		早稲田大学へ進学
		7月		ANAと所属契約を締結

あとがき

この本をお手に取っていただき、ありがとうございます。

普段のインタビューだけでは言い切れない想いが、少しでも伝わっていたらなと思っています。

2015年から18年は、スケート人生の大きな山場であり、そして、谷底に何度も落とされそうになりました。実際には落とされていたのかもしれません。その度にたくさんの想い、言葉に背中を押していただきました。自分の中の奥の奥にある強さと弱さにも助けられました。希望と絶望と、そしてたくさんの光の中でスケートができ、本当に幸せでした。苦労や喜びの絶えない3年間を過ごしました。

そしてそれは、今までのスケート人生の19年間、生まれてからの23年間があったから。苦しい想いももちろんたくさんありました。やめたい、逃げたい、楽しくなんかないって何回も思ってきました。でも、きっと私を心から応援して、支えてくださっている方々、皆さんも思ったことだと思います。それぞれに抱えている過去があって、未来があって、性格やプライドだってあって。苦しさや不幸を単純に比較することなんてできない。だから家族ですらも分かち合えない苦しみがあったと思います。でもずっとずっと応援して、支えてくれる人がいました。『それだけで強くなれた』なんてそんな綺麗事は言わないけれども、何度も〝幸せのかけら〟をもらって頑張れました。そのかけらを〝幸せ〟にできるように頑張ってきました。

スケートに縛られたり好きになったり、付いたり離れたりばかりだった4~9歳。リンクがなくなって、試合で勝てなくなって、成長することすら感じられなくなっていたノービス時代。悔しさと悔しさと、悔しさだけで成長してきたジュニア時代。シニアになってから、地震、ニースでの世界選手権、仙台を離れたこと、あらゆることでたくさんの想いに気づき、支えられ、感謝の気持ちとともに滑ったソチオリンピックまで。そして、スケートがもっと好きになって、もっともっと上手くなりたいと望み続け、挑み続けた今まで。

それらの自分が全部心の中にいて、その自分たちに胸を張れるように。

これからもずっと『弓の弦を結ぶように、胸を張って、凛とした生き方』をしていきたいと思います。

ファンになってくださった皆さん。

私は恵まれたことに、スポーツ選手でありながら、こんなにもたくさん応援していただけました。本当に感謝しています。試合の時は、選手、アスリートとして集中させていただきました。ノービスやジュニアだった頃と比べ、直接感謝の気持ちを言える機会が減ってしまいましたが、「ありがとうございました」をこれからも伝えていけたらと思っています。

実は、「金メダル」以外にもオリンピックでの夢がありました。幼い頃に見たオリンピックで、選手の方が先生への感謝の気持ちを述べているシーンがすごく印象に残りました。それを見た後、「僕はこの場所（インタビューされる場所）で、習ってきた全ての先生の名前を言おう！」と思いました。それから毎晩のようにシミュレーションをして、寝られない夜を過ごしてきました。いまだにあります。（笑）実際、言うことが出来ず、それは叶わなかったのですが、この場所をお借りして伝えさせてください。

真実先生、都築先生、松田先生、関先生、奈々美先生、ナターシャ先生、イゴール先生、長久保先生、ブライアン、トレーシー、ジスラン、デヴィッド、ジェフ、シェイ、ステファン、プルさん。

こんな私を育てていただき、本当にありがとうございました！

羽生　結弦

羽生結弦

1994年、宮城県仙台市生まれ。全日本空輸（ANA）所属。4歳からスケートをはじめ、2008-09年のジュニア選手権で優勝。ジュニア選手として数々の大会を制覇する。10年にシニアデビューし、12年の世界選手権において日本男子史上最年少で銅メダルを獲得。13年にグランプリファイナルで初優勝。14年ソチオリンピック金メダリスト。18年平昌オリンピック代表選手。その他の国際大会においても、14年、17年の世界選手権優勝、全日本選手権とグランプリファイナルで4連覇を達成するなどフィギュアスケート界を牽引するトップアスリートとして活躍。男子シングル競技における世界最高記録を度々更新し、現在も果敢な挑戦を続けている。

撮　影　田中宣明（シャッターズ）、坂本 清（P.210～P.219）
編集協力　永井順子
装　幀　川畑あずさ

［初出］
1章～9章および「アイスショー――心に直接響く場所」
『Ice Jewels』Vol.01（2015年10月）～Vol.07（2017年11月）に掲載
10章および「カナダ・トロント公開練習2017」 書き下ろし

夢《ゆめ》を生《い》きる

2018年2月25日　初版発行
2022年8月25日　再版発行

著　者　羽生《はにゅう》 結弦《ゆづる》
発行者　安部 順一
発行所　中央公論新社
〒100-8152　東京都千代田区大手町1-7-1
電話　販売 03-5299-1730　編集 03-5299-1920
URL https://www.chuko.co.jp/

DTP　平面惑星
印　刷　大日本印刷
製　本　大日本印刷

Published by CHUOKORON-SHINSHA, INC.
Printed in Japan　ISBN978-4-12-005049-7 C0095